Stefan Morawetz

Das Power-Buffet

Stefan Morawetz

Das Power-Buffet

effektive Methoden zur Leistungssteigerung im Beruf, Sport und Alltag

Trainerverlag

Impressum/Imprint (nur für Deutschland/only for Germany)
Bibliografische Information der Deutschen Nationalbibliothek: Die Deutsche Nationalbibliothek verzeichnet diese Publikation in der Deutschen Nationalbibliografie; detaillierte bibliografische Daten sind im Internet über http://dnb.d-nb.de abrufbar.
Alle in diesem Buch genannten Marken und Produktnamen unterliegen warenzeichen-, marken- oder patentrechtlichem Schutz bzw. sind Warenzeichen oder eingetragene Warenzeichen der jeweiligen Inhaber. Die Wiedergabe von Marken, Produktnamen, Gebrauchsnamen, Handelsnamen, Warenbezeichnungen u.s.w. in diesem Werk berechtigt auch ohne besondere Kennzeichnung nicht zu der Annahme, dass solche Namen im Sinne der Warenzeichen- und Markenschutzgesetzgebung als frei zu betrachten wären und daher von jedermann benutzt werden dürften.

Coverbild: www.ingimage.com

Verlag: Der Trainerverlag ist ein Imprint der
Südwestdeutscher Verlag für Hochschulschriften GmbH & Co. KG
Heinrich-Böcking-Str. 6-8, 66121 Saarbrücken, Deutschland
Telefon +49 681 37 20 271-1, Telefax +49 681 37 20 271-0
Email: info@verlag-trainer.de

Herstellung in Deutschland:
Schaltungsdienst Lange o.H.G., Berlin
Books on Demand GmbH, Norderstedt
Reha GmbH, Saarbrücken
Amazon Distribution GmbH, Leipzig
ISBN: 978-3-8417-5030-3

Imprint (only for USA, GB)
Bibliographic information published by the Deutsche Nationalbibliothek: The Deutsche Nationalbibliothek lists this publication in the Deutsche Nationalbibliografie; detailed bibliographic data are available in the Internet at http://dnb.d-nb.de.
Any brand names and product names mentioned in this book are subject to trademark, brand or patent protection and are trademarks or registered trademarks of their respective holders. The use of brand names, product names, common names, trade names, product descriptions etc. even without a particular marking in this works is in no way to be construed to mean that such names may be regarded as unrestricted in respect of trademark and brand protection legislation and could thus be used by anyone.

Cover image: www.ingimage.com

Publisher: Trainerverlag
is an imprint of the publishing house
Südwestdeutscher Verlag für Hochschulschriften GmbH & Co. KG
Heinrich-Böcking-Str. 6-8, 66121 Saarbrücken, Deutschland
Phone +49 681 37 20 271-1, Fax +49 681 37 20 271-0
Email: info@verlag-trainer.de

Printed in the U.S.A.
Printed in the U.K. by (see last page)
ISBN: 978-3-8417-5030-3

Das Power-Buffet

effektive Methoden zur Leistungssteigerung im Beruf, Sport und Alltag

Autor

Stefan Morawetz

Laufe nicht der Vergangenheit hinterher
Verliere dich nicht in der Zukunft

Die Vergangenheit ist nicht mehr
Die Zukunft noch nicht gekommen

Das Leben ist HIER und JETZT

(Laotse)

Vorwort

Bücher aus dem Bereich „Selbstcoaching“ oder „Selbstheilung“ gibt es wirklich wie Sand am Meer auf dem Büchermarkt. Viele davon habe ich auch bereits gelesen und einige davon haben mich auch wirklich zur Nachahmung angeregt oder gar nachhaltig inspiriert.
Dabei ist mir aber häufig die „Heiligsprechung“ der jeweiligen „einzig wahren“ Methode etwas hoch- bzw. aufgestoßen. Nicht dass die jeweiligen Methode als solche unbrauchbar wären, nein - das war es nicht. Es ist vielmehr der eingeengte Fokus auf die jeweilige, "einzig effektive" Supermethode, die als Universallösung propagiert wird. Aber letztendlich ist es eben nicht die Methode, sondern vielmehr die individuelle Anwendbarkeit und das daraus resultierende Ergebnis welches am Schluss zählt.
Manche Methoden sprechen einen einfach besser an und manche eben weniger. Das kann aber bei einem anderen Zeitgenossen durchaus völlig anders ausfallen.
Nun ist es aber sehr mühselig und auch auch zeit- und budgetintensiv, wenn wir die vielen Bücher über die unzähligen Methoden lesen und studieren, um im Nachgang zur Überzeugung zu gelangen, dass die ausgewählte Methode im ungünstigsten Fall doch nicht so ganz für uns geschaffen ist.
Das erzeugt nicht nur Löcher in unserem Geldbeutel, sondern verursacht im schlimmsten Fall sogar Frustration und Stress - also genau das Gegenteil von dem was wir ursprünglich beim Lesen und Studieren der jeweiligen Methode erreichen wollten.
Aus diesem Grund habe ich in meinem **POWER-BUFFET** einige unterschiedliche Methoden zusammengestellt, die alle für sich alleine schon effektiv und wirksam sind. Die Wirksamkeit dieser Methoden konnte ich sowohl an mir selbst als auch an sehr vielen Seminarteilnehmern und Coachees unter Beweis stellen.
Wie bei einem richtigen Buffet greifen Sie auch nur genau dort zu, wo Sie am meisten angesprochen werden. Es kann durchaus sein, dass Ihnen einige Methoden Ihres **POWER-BUFFETS** nicht „schmecken“, dann halten Sie sich auch nicht lange damit auf. Genießen und fokussieren Sie sich an dieser Stelle lieber auf diejenigen Methoden, welche Ihnen „zusagen“.
Damit auch möglichst jeder Leser auf seinen Geschmack kommt, ist das **POWER-BUFFETS** nicht nur methodisch heterogen sondern auch philosophisch differierend zusammengestellt. So gibt es „kognitive“ (rational und logisch), „limbische“ (emotional und intuitiv) und auch „energetische“ (feinstofflich und energetisch) Philosophien, die auch von völlig unterschiedlichen Standpunkten ausgehen.

Natürlich kann das **POWER-BUFFET** nicht jede einzelne Methode im Detail erklären und darlegen - und das soll und will es auch nicht.
Jeder interessierte Leser des Power-Buffets ist aber eingeladen, sich bei Bedarf und Interesse tiefer in die jeweilige Methodenmaterie einzulesen. Zu jeder der in Ihrem **POWER-BUFFET** vorhandenen Methoden gibt es eine Reihe an guter Fachliteratur. Einige davon habe ich im Anhang aufgelistet - aber das ist natürlich nur ein kleiner Auszug.

Aber denke Sie auch immer daran: Letztendlich kommt es nicht auf die Methode sondern stets auf das Ergebnis an !!!

An dieser Stelle möchte ich bei allen meinen bisherigen Seminarteilnehmern und Coachees recht herzlich bedanken. Ohne deren Zuspruch und ohne deren Bestätigung hätte ich wohl nie den Entschluss zum Schreiben dieses Buches gefasst.

Diese Buch widme ich meiner lieben Familie, d.h. meiner Ehefrau Manuela und meinen drei Kindern, die es alle mit mir als Ehemann und Vater nicht immer nur leicht haben - DANKE für Eure Unterstützung !!!

Einleitung

In unserer westlichen Wohlstandswelt dreht sich mittlerweile alles nur noch um „Erfolg“, „Leistung“, „Schönheit“, „Sexappeal“, „Gesundheit“, „Vitalität“, „Macht“ und „Geld“.
Die lachenden Gesichter von glücklichen, schlanken, erfolgreichen und vermögenden Menschen strahlen uns von Werbeplakaten an oder schmücken die täglichen TV-Werbeblöcke. Ob wir wollen oder nicht, alles beruht auf diesen Attributen und wer heute was auf sich hält und in dieser Gesellschaft integriert sein möchte, muss hier fleißig mitspielen.
Und da wohl kaum einer von uns über all diese Attribute verfügt, werden wir mit diversen „Anleitungen zum Glücklichsein“ überfrachtet.
Dies beginnt bei den unzähligen Diäten und Ernährungstipps und endet schließlich bei esoterisch angehauchten Lebenshilfebüchern.
Nicht dass im Grunde daran etwas auszusetzen wäre, doch zeigt es vielmehr, dass es weniger um den „externen“ Input, d.h. über das Wissen von Veränderungen als vielmehr um die „internen“ Abläufe, also über unsere Vorstellungskraft und Glaubenssätze geht.
Denn würde es nur um den „externen“ Input gehen, würden 2-3 Diäten reichen und alle Menschen wären schlank und rank.
Würde es nur um den „externen“ Input gehen, dann würden 2-3 Businessbücher über Karriere und Erfolg ausreichen und die Menschen würden die Karriereleitern nur so emporschießen.
Würde es nur um den „externen“ Input gehen, wären 2-3 Lebenshilfebücher ausreichend und wir alle wären glücklich, zufrieden und unsere Sorgen wären endgültig besiegt.

Doch das Gegenteil ist der Fall. Fast täglich sprießt eine neue Diät aus dem Sumpf der Pillen- und Schlankmachindustrie“ und die Ratgeber über Erfolg, Karriere, Glück und Zufriedenheit reissen auch nicht ab.
Es geht also weniger um das externe Wissen, als vielmehr um die erfolgreiche Anwendung, d.h. um die „interne“ Umsetzung.
Was haben wir davon, wenn wir „wissen“, dass ein tägliches Fitnesstraining uns sportlich, schlank und vital erscheinen lässt, wenn schon nach wenigen Tagen der „Quatschi“ uns bremst und träge werden lässt. Der „Quatschi“ steht für unseren „inneren Dialog“, unsere Selbstgespräche. Dieser Quatschi hat nämlich die Eigenschaft, dass er uns permanent und ohne Pause mit seiner Weltanschauung berieselt. D.h. ist unser Quatschi davon überzeugt, dass „Sport = Mord“ ist, dann wird er uns dieses auch x-mal am Tag erzählen und wir werden ihm bald gefrustet erlegen sein.

Ähnlich verhält es sich mit Emotionen und Gefühlen. Wir alle durchlaufen täglich ein Wechselbad an steigenden und fallenden Emotionen. Nicht wir haben unsere Emotionen und Gefühle im Griff, nein sie sind es, die uns puschen und leider auch häufig bremsen.

„Angst“ als eine der stärksten Emotionen begleitet viele von uns fast täglich. Dabei fürchten wir uns heute nicht mehr vor gefährlichen Säbelzahntigern oder wilden, keuleschwingenden Nachbarklans, sondern vor „Versagen“, „Spott“, „Krankheiten“ und mangelnder „Akzeptanz“.
Wäre es nicht viel hilfreicher, wenn wir „Herr“ über unsere eigenen Emotionen werden könnten - wenn diese nicht uns sondern wir sie steuern könnten ?
Wir hätten dann die Möglichkeit positive Emotionen und Gefühle zu verstärken und negative bzw. hinderliche Emotionen und Gefühle einzudämmen oder gar abzuschalten - einfach so und auch ganz schnell.
Vorbei die Zeiten, in denen wir vor Lampenfieber die anstehende Firmenpräsentation fast zum Erliegen brachten. Wut über unseren Chef, Trainer, Partner oder Freund würde uns künftig nicht mehr blind und handlungsunfähig machen, sondern wäre für uns ein Zeichen, dass die Emotionen gerade mal wieder die Kontrolle über uns übernommen haben. Mit den entsprechenden Techniken könnten wir diese (und viele weitere) Emotionen und Gefühle endlich identifizieren und für uns und unser Umfeld positiv nutzen.
In seinem Buch „Intelligente Zellen“ beschreibt Bruce Lipton den Einfluss unserer Gedanken und Emotionen auf die Wirkungsweise unserer Zellen. Er weist nach, das letztendlich unsere Überzeugungen unsere Biologie steuern. D.h. unsere Emotionen, Gefühle, Gedanken, Glaubenssätze und inneren Dialoge sind es, die uns zufrieden oder unzufrieden, heiter oder traurig, aktiv oder träge, motiviert oder demotiviert, glücklich oder unglücklich sein lassen.
Das Schöne daran ist, dass wir hier NIEMANDEN von aussen brauchen, sondern mit einem neuen, positiven Leben SOFORT beginnen können. Jeder .... auch SIE !!!

Spitzensportler haben es uns vorgemacht, was nun immer mehr im Amateur- und Breitensport Anwendung findet: das Mentaltraining.
Zum Einen werden im Mentaltraining die Abfolgen, Bewegungen und Koordinationen der jeweiligen Sportart bereits im Vorfeld mental durchlaufen und trainiert und zum Anderen werden die inneren Denkmuster und Glaubenssätze analysiert und bei Bedarf für eine bessere Leistungsfähigkeit angepasst bzw. verändert.

Mit Hilfe von Mentaltraining werden hemmende Leistungsblockaden überwunden, Selbstvertrauen auf- und ausgebaut, Lern- und Übungsphasen deutlich verkürzt und Zielerreichungsgrade erhöht. D.h. das Mentaltraining dient der Entfaltung der gesamten Möglichkeiten des Einzelnen. Darunter fallen sowohl die physischen als auch die mentalen und emotionalen Fähigkeiten und Fertigkeiten.
Es wäre jetzt aber falsch zu glauben, dass das Mentaltraining eine rein für den Sport gültige Disziplin ist. Weit gefehlt. Gerade im Berufsleben und im generellen Alltag - also unserem Privatleben - erreichen wir deutliche Leistungsverbesserungen, wenn wir die erprobten Methoden des Mentaltrainings dort systematisch integrieren.

Ihr Power-Buffet ist eine einmalige Zusammenstellung unterschiedlichster Methoden aus den kognitiven, limbischen und energetischen Bereichen, mit deren Hilfe Sie mehr Power, mehr Leistungskraft und somit mehr Freude am Leben erhalten werden. Alle Methoden sind sehr schnell erlernbar und können unmittelbar von Ihnen angewandt werden.
Als Beweis der Einfachheit des Power-Buffets präsentiert Ihnen meine Tochter Milena (auf den Bildern gerade mal 11 Jahre) die jeweiligen Methoden. Lassen Sie sich inspirieren von der Wirksamkeit und Einfachheit dieser in der Praxis bewährten Methoden.

Mit den Worten von Oliver Wendell Holmes (1809-1894) möchte ich nun Ihr Power-Buffet eröffnen:

Was hinter uns liegt und was vor uns liegt, sind Winzigkeiten im Vergleich zu dem, was in UNS liegt

wichtiger Hinweis:
Die Methoden in diesem Buch sind kein Ersatz für eine medizinische oder psychotherapeutische Behandlung. Sprechen Sie bitte mit Ihrem Arzt oder Therapeuten, bevor Sie diese Methoden als Selbsthilfeinstrument bei einer Beschwerde mit Krankheitswert anwenden.

Kognitive Methoden:

Der Begriff kognitiv stammt aus der Psychologie und bezeichnet Funktionen des Menschen, die mit der menschlichen Erkenntnis- und Informationsverarbeitung in Zusammenhang stehen.

D.h. es handelt sich dabei um Wahrnehmung, Lernen, Erinnern und Denken.
Die kognitive Psychologie ist eine relativ moderner Teilbereich der allgemeinen Psychologie und entwickelte sich vor ca. 50-60 Jahren.
Innerhalb der kognitiven Psychologie werden vor allem Prozesse betrachtet, die auf der Grundlage der Leistungsfähigkeit des Gehirns auf überwiegend intellektuelle, verstandesmäßige Wahrnehmungen und Erkenntnisse beruhen.

Das Gehirn, welches in der kognitiven Psychologie im Mittelpunkt steht, trägt mit ca. 2% minimal zum gesamten Körpergewicht eines Menschen bei, verbraucht jedoch ca. 20% der gesamten Körperenergie. D.h. unser Gehirn ist ein echter Energiefresser und der benötigte Treibstoff ist Glukose (Traubenzucker) und auch Sauerstoff. Erhöhte Sauerstoffzufuhr und ausreichend vorhandene Glukose wird schon seit vielen Jahren für eine verbesserte kognitive Leistung verantwortlich gemacht.
Vereinfachend kann man das Gehirn in Großhirn, Kleinhirn, Zwischenhirn und Hirnstamm unterteilen. Diese Hirnregionen haben alle ganz bestimmte Funktionen und Aufgaben, jedoch geht die moderne Hirnforschung auch davon aus, dass unser Gehirn netzwerkartig arbeitet und verschiedene Gehirnareale dabei gebündelt und konzentriert zusammenarbeiten um mögliche Defizite ausgleichen zu können.
Die genaue Funktionsweisen des Gehirns sollen uns aber an dieser Stelle weniger interessieren und werden aus diesem Grund auch nicht näher erläutert.

Der interessierte Leser möge sich nähere und tiefgreifende Informationen über den Aufbau und Funktionsweise des Gehirns in entsprechender Fachliteratur einholen.

Schmerz-Freude-Prinzip umpolen

Wir alle verfügen über ein in seiner Funktion gleiches Betriebssystem, der sog. „bipolaren Antrieb“. Dieser Antrieb dient sowohl unserer Selbsterhaltung als auch unserer Arterhaltung und kennt genau nur zwei Richtungen:

1. Richtung: weg vom Schmerz / Pein
2. Richtung: hin zur Freude / Lust

Wir alle handeln intuitiv nach diesem Schmerz-Freude-Prinzip, unterscheiden uns jedoch stark in der individuellen Interpretation von Schmerz und Freude.
D.h. unsere Interpretation von Freude und von Schmerz stellt den eigentlichen Unterschied zwischen uns Menschen dar. Ereignisse oder Sachverhalte, die von dem Einen eher als Freude interpretiert werden, können bei einem Anderen schon ganz klar in Richtung Schmerz zielen.
Ein Beispiel dafür wäre das „freie Sprechen vor einem größeren Publikum“. Für den Einen bedeutet das Spaß, positiver Nervenkitzel und somit richtige Freude und für den Anderen ist das nur purer Stress und wahrhaftiger Schmerz.
Generell sei festzustellen, dass der Vermeidung von Schmerz eine stärkere Bedeutung zukommt und folglich die stärkere Kraft unseres bipolaren Antriebs darstellt.
Das Schmerz-Freude-Prinzip ist letztendlich auch der Grund warum fast alle Diäten mittel- und langfristig scheitern (müssen).

Die folgenden weiteren Beispiele zeigen erneut die Funktionsweise des Schmerz-Freude-Prinzips - unseren bipolaren Antrieb:

Frau A. ist etwas übergewichtig und möchte endlich 10 kg abnehmen. Sie liebt aber Schokolade und leckeres Vanille-Eis mit Schlagsahne, assoziiert folglich unbewusst mit diesen beiden süßen Verführungen „Freude und Glück“. Nun weiß Frau A. natürlich, dass sie während ihrer Diät auf Schokolade und Vanille-Eis mit Schlagsahne verzichten muss. Sie stellt sich aber dieser asketischen Tortur und vermeidet willentlich und mit voller Kraft diese süßen Glücksbringer.
Das geht auch sicherlich eine gewisse Zeit gut, doch dann nimmt die Macht ihres bipolaren Antriebs automatisch und allmählich zu. Das Vermeiden von diesen Glücksbringern wird von ihrem Betriebssystem als „Schmerz/Pein“ empfunden. Ein Stückchen zarter Schokolade oder etwas süßes Vanilleeis stellt dagegen „Freude/Lust“ für Frau A. dar. Solange ihr bipolarer Antrieb diese Verknüpfungen (Schokolade und Vanilleeis = Freude/Lust) aufrecht erhält, wird Frau A. früher oder später diesem Antrieb unterliegen und dann wieder sukzessive zunehmen. Häufig wiegen Menschen nach einer Diät 1-2 kg mehr als vor Beginn der Diät.
Diesen Effekt kennen wir als den sogenannten „Jo-Jo-Effekt“.

Herr B. ist ein leidenschaftlicher Jogger und läuft 4x pro Woche ca. 45 Minuten. Dies macht Herr B. bereits seit über 3 Jahren, bei Wind und Wetter und ohne Ausnahmen.
Das regelmäßige Joggen bereitet Herrn B. nicht nur sehr viel Freude und Lust, sondern vitalisiert seinen kompletten Organismus - er fühlt sich frisch und munter.
Aufgrund einer kleinen Verletzung am Sprunggelenk kann Herr B. nun aber plötzlich seinem gewohnten und geliebten Training nicht mehr nachgehen. Der Arzt verschreibt ihm vor allem Ruhe und Erholung. Herr B. hört auf seinen Arzt und macht eine Laufpause, doch die Sehnsucht nach Bewegung und der Frust über das Nichtlaufen überwiegen nach ein paar Tagen.
Herr B. möchte endlich wieder laufen, sich bewegen und Freude und Lust verspüren, d.h. auch er unterliegt analog zu Frau A. dem bipolaren Antrieb.
Wie sagt der Volksmund: „Das Geist ist willig, nur das Fleisch ist schwach".
Unser bipolarer Antrieb lässt sich auf Dauer nicht durch willentliche Absichtserklärungen aufhalten - er setzt sich gnadenlos durch.

Um also eine dauerhafte Veränderung in unserem Leben erreichen zu können, müssen wir demnach unseren „bipolaren Antrieb", also unser Schmerz-Freude-Prinzip umpolen - aber wie geht das ?

Methode: Schmerz-Freude-Prinzip umpolen

Bitte nehmen Sie einen Zettel und einen Stift zur Hand und beantworten Sie die folgenden 11 Fragen ganz sorgfältig und möglichst genau.
Stellen Sie sich alles intensiv, in Farbe und aus Ihrem eigenen Blickwinkel vor - tauchen Sie gedanklich ein - Sie müssen versuchen zu spüren was Sie fühlen - tauchen Sie immer tiefer ein und „übertreiben" oder „überziehen" Sie ruhig in Ihrer Vorstellung .... d.h. stellen Sie sich Ihr „Problemverhalten" noch schrecklicher, noch grausamer und ätzender vor und stellen Sie sich Ihr „Wunschverhalten" dafür bunt, schön und richtig wohlwollend vor.

1. Beschreiben Sie detailliert das Verhalten bzw. die Situation, welche Sie **aktuell** bedrückt und welche Sie unbedingt geändert haben wollen ?

(z.B. das aktuelle Übergewicht, z.B. 10 kg in den letzten 5 Jahren zugenommen - oder starkes Rauchen - oder oder oder .....)

2. Welchen „Pein bzw. Schmerz" hat dieses Verhalten **bis heute** bereits bei Ihnen erzeugt ?
   => Welchen Preis, welche negativen Erfahrungen haben Sie für Ihr bisheriges Verhalten (z.B. Gewichtszunahme, Rauchen, ...) schon bezahlen müssen ?
   => Wie viel Energie/Kraft hat Ihnen dieses Verhalten bereits gekostet ?
   => Hat dieses Verhalten vielleicht sogar Ihre Familie, Partnerschaft oder Freundschaften belastet ?
   => Inwieweit waren Sie für diese Menschen ein schlechtes Vorbild ?

3. Sprung in die nahe Zukunft (1 Jahr)
   => welchen Preis, welches Leid haben Sie nun inzwischen bezahlen müssen ?
   => Welche Chancen sind Ihnen entgangen, welche Misserfolge haben Sie einstecken müssen ?
   => Haben sich Ihre Familie, Freunde von Ihnen (weiter) distanziert ?
   => Was sagen Ihre Kollegen mittlerweile über Sie und Ihr Verhalten ?

4. Sprung in die fernere Zukunft (10 Jahre)
   => welchen Preis zahlen Sie bereits aufgrund der Inkonsequenz ?
   => Können Sie sich überhaupt noch in die Augen schauen ?
   => Was für gesundheitliche Auswirkungen wird Ihr Verhalten nun haben ?
   => Wie ist es um Ihre Familie, Partnerschaft und anderen Freundschaften aufgrund Ihres Verhaltens bestellt ?
   => Wie fühlt es sich an, sein Leben zehn Jahre lang so vermurkst zu haben ?

5. Sprung in die weite Zukunft (20 Jahre)
   => was ist bloß aus Ihnen geworden ?
   => Was hat Ihr Verhalten mit Ihnen nur gemacht ? – wie sehen Sie aus ?
   => Leben Sie überhaupt noch, od. sind Sie bereits Ihrem Verhalten zum Opfer gefallen ?
   => Was denken Ihre Familie, Partnerschaft oder Freunde von Ihrer jahrelangen Disziplinlosigkeit ?

6. Zurück in die Gegenwart (Separator) - weg mit dem „worst-case-Szenario"
   => Körperhaltung ändern
   (setzen Sie sich jetzt bitte wieder gerade und aufrecht hin - lassen Sie die Bilder in Ihrem Kopf verschwinden - atmen Sie dreimal tief ein und dann wieder tief aus)

7. Nun kreieren Sie ein konstruktives, positives Alternativverhalten
   (genau so wie es sein soll = Ihr persönliches Wunschbild - Ihr Zielbild)

8. Sprung in die nahe Zukunft (1 Jahr)
   => welche positive Veränderungen treten nun auf einmal auf ?
   => Wie fühlt sich diese positive Veränderung an ?
   => Wie stolz sind Sie auf sich ?

9. Sprung in die fernere Zukunft (10 Jahre)
   => was haben Sie alles bereits dadurch erreicht ?
   => Wie sieht Ihr neues, positives Leben in 10 Jahren aus ?
   => Welche positiven Konsequenzen spüren und sehen Sie ?
   => Wie stolz ist Ihr persönliches Umfeld auf Sie ?
   (Familie, Partnerschaft, Freunde, Arbeitskollegen)

10. Sprung in die weite Zukunft (20 Jahre)
   => wie hat sich Ihr Leben weiterhin positiv bis jetzt entwickelt ?
   => Wie sehen Sie aus, welche Vitalität und Kraft steckt nun in Ihnen ?
   => Wo stehen Sie heute, nach dem Sie 20 Jahre konsequent gelebt haben ?
   => Was denken Sie selbst über sich, was bedeutet das für Ihr eigenes Selbstvertrauen ?
   => Was denken Ihre Familie, Freunde und Kollegen von Ihnen ?
   => Genießen Sie dieses gute und motivierende Gefühl - tauchen Sie tief ein !!!!

11. Zurück in die Gegenwart (Separator)
   => Entscheiden Sie sich für diese positive Veränderung in Ihrem Leben und halten Sie Ihr Vorhaben nun detailliert schriftlich fest - lassen Sie es nicht mehr los !!!

Damit diese Methode auch nachhaltig wirken kann, wäre es JETZT an der Zeit, mit sich selbst eine Art Vertragsvereinbarung im Hinblick auf das Ziel zu schließen. Dabei muss Ihr Ziel wohlwollend, ansprechend und auch realistisch formuliert sein. Ich empfehle Ihnen diese Zielbeschreibung nach der bekannten SMART-Methode zu formulieren

Dabei steht ....
S für **Spezifisch** (ganz genau und spezifisch Ihr Ziel beschreiben)
M für **Messbar** (woran erkennen Sie, dass Sie Ihr Ziel erreicht haben ?)
A für **Attraktiv** (Ihr Ziel sollte Sie motivieren und ansprechen)
R für **Realistisch** (Ihr Ziel sollte ehrgeizig und auch realistisch/machbar sein)
T für **Terminiert** (wann haben Sie Ihr Ziel erreicht ?)

Bspl:
„Ich, Frau A., werde binnen der nächsten 12 Monate mein Gewicht um 10 kg reduzieren. Mein heutiges Gewicht ist 70 kg und am tt.mm.jj (in 12 Monaten) beträgt mein Gewicht genau 60 kg. Dank dieser Gewichtsabnahme von 10 kg kann ich endlich wieder meine schönen bunten Kleider aus meinem Kleiderschrank tragen. Selbst im Bikini mache ich dann wieder eine „tolle Figur" und mein vertrautes Umfeld wird mich um meine Leistung beneiden.
Ich fühle mich jung, vital und attraktiv" - ich bin eine tolle Frau !!!

Fixieren Sie Ihr Zielvorhaben auf alle Fälle schriftlich und wenn möglich vervielfältigen Sie es und hinterlegen es an wichtige Stellen in Ihrer Wohnung (z.B. am Kühlschrank, im Kleiderschrank, im Bad, usw.). Auf diese Art und Weise sehen Sie Ihr Ziel mehrmals am Tag und so kann sich Ihr Zielvorhaben tief in Ihr Unterbewusstsein eingraben. Ihr Unterbewusstsein wird dann alles unternehmen, damit Sie ihr Ziel auch wirklich erreichen werden.
Sie werden sehen wie wunderbar die „Schmerz-Freude-umpolen-Methode" wirkt.

Ich wünsche Ihnen ganz viel Spaß und viel Erfolg.

Moment of Excellence

Der Moment of Excellence ist eine Methode aus dem Neuro-Linguistischen-Programmieren (kurz NLP). In den 1970er Jahren wurde dieses Methodenwerk von den Herren Bandler und Grinder entwickelt. Die Grundstein wurde gelegt, als sie sich entschlossen, bekannte und vor allem erfolgreiche Therapeuten zu analysieren. Die Frage dahinter lautete: „Warum haben diese Therapeuten einen signifikant höheren Erfolg bei ihren therapeutischen Arbeiten mit Patienten als andere ?“. Dabei haben sich Bandler und Grinder auf die dahinter liegenden Muster dieser Therapeuten konzentriert. Sie studierten intensiv die Art und Weise der Behandlung dieser Therapeuten. Dabei erkannten Sie, dass diese erfolgreichen Therapeuten, ohne es zu wissen, nahezu identische Grundmuster ihres Handelns aufzeigten. Dies war die Geburtsstunde von NLP. Diese Art der Zerlegung von Abläufen und Handlungsweisen nennt man im NLP „Modellierung“.
Aus NLP ist aber im Laufe der Jahre weit mehr als das reine Modellieren geworden. NLP ist ein mächtiger Methodenbausatz für erfolgreiche Kommunikation und Veränderungsarbeit am Menschen. NLP ist mittlerweile in die unterschiedlichsten Arbeitsbereiche der Psychologie, Pädagogik und dem Business vorgedrungen.
Es gibt mittlerweile große Mengen an NLP-Literatur, die auch für Laien sehr gut verständlich sind. Um NLP jedoch zu lernen und zu verstehen, ist eine gewisse praktische Basisausbildung (z.B. NLP-Practitioner) aus meiner Sicht sinnvoll und auch ratsam.
Die Moment of Excellence - Methode ist hingegen sehr schnell umsetzbar und erfordert auch keine weiteren praktischen Vorkenntnisse.

Moment of Excellence

Wäre es nicht hilfreich und wirksam, wenn wir durch zupfen am Ohrläppchen oder reiben an der Handkante in einen wohlwollenderen Zustand geraten könnten ?
Nehmen wir an Sie hätten ein Date und wären fürchterlich aufgeregt und nervös.
Ihre Hände sind zittrig und schwitzen und in Ihrem Magen rumort es unaufhörlich. Wäre es jetzt nicht hilfreich, wenn Sie sich willentlich in einen ruhigeren Zustand katapultieren könnten ? Dies ist ganz schnell möglich !!!
Bei der Methode Moment of Excellence wird eine Verknüpfung zwischen einem gewünschten Gefühl und einem bestimmten Auslöser (Reiz) erzeugt.

Diese Methode basiert auf dem erfolgreichen Versuch von Iwan Petrowitsch Pawlow (1849-1936), der dafür im Jahre 1904 den Nobelpreis erhielt. Pawlow erkannte einen Zusammenhang zwischen Speichelfluss von Hunden bei der Futtergabe und einem auslösenden Reiz.

Dies veranlasste ihn zu einem Experiment, in welchem er bei jeder Futtergabe mit einer Glocke läutete.
Mit der Zeit verknüpften die Hunde das Glockengeläut mit der Futtergabe und folglich mit dem Speichelfluss. Dies hatte zur Folge, dass die Hunde allein bei dem Glockengeläut vermehrt Speichel produzierten, auch wenn sie überhaupt nicht gefüttert wurden.

Diese Art der Verknüpfung und des Lernens nennt man „konditioniertes Lernen".

Lesen Sie bitte die Schritte 1.-10. erstmal genau durch bevor Sie mit der eigentlichen Konditionierung beginnen. Ideal wäre, wenn Sie die einzelnen Schritte auswendig kennen oder ihnen jemand hilft, den Prozess zu durchlaufen, da eine Nachleseunterbrechung eher hinderlich wäre.
Keine Angst - das ist alles ganz einfach - in wenigen Minuten kennen Sie den Prozess und in wenigen Minuten haben Sie Ihren ersten „Moment of Excellence" bei Ihnen installiert .... wetten dass !!!

1. Finden Sie Ihren Zielzustand, welchen Sie gerne konditionieren möchten
   => z.B. Ruhe und Gelassenheit
   (weil Sie wissen, dass Sie z.B. leicht nervös werden)
   => wann waren Sie mal so richtig ruhig und gelassen (denken Sie nach) ?
   => merken Sie sich diese Situation und Zeitpunkt

2. Finden Sie nun eine Körperstelle, die Sie mit Ihrem Zustand verknüpfen (ankern) möchten
   => diese Körperstelle wird später (4.) mit dem gewünschten (Gemüts-) Zustand verbunden - konditioniert
   => z.B. behutsames Reiben am rechten Ohrläppchen

3. Stellen Sie sich nun Ihren Zielzustand (z.B. Ruhe und Gelassenheit) mit allen Ihren Sinnen intensiv vor
   Suchen Sie sich einen bequemen und ruhigen Platz ohne Lärm und Abwechslung - atmen Sie 3x ruhig ein und langsam wieder aus - entspannen Sie sich und konzentrieren Sie sich auf die folgenden Schritte:
   => tauchen Sie nun in Ihre Situation der Ruhe und Gelassenheit tief ein
   => was sehen Sie in diesem Zustand (aus Ihrem Blickwinkel heraus) ?
   => was können Sie hören - welche Geräusche nehmen Sie wahr ?
   => vielleicht spüren Sie auch ein Gefühl in Ihrem Körper oder auf Ihrer Haut ?
   => vielleicht nehmen Sie angenehme Düfte wahr ?
   => tauchen Sie ganz tief ein und erleben Sie intensiv Ihren Zustand - je intensiver desto besser - spüren Sie Ihre Ruhe und Ihre Gelassenheit

4. Bei max. Intensität des Gefühls Ihres Zielzustandes ankern Sie diesen kurz:
   => wenn Sie ganz ganz tief in Ihrem Zielzustand sind, dann lösen Sie Ihren Anker - d.h. dann reiben Sie z.B. behutsam am rechten Ohrläppchen (genau dann, wenn Sie Ihren Zielzustand am intensivsten wahrnehmen)
   => das sog. "ankern" sollte nicht länger als ein paar Sekunden dauern - das ist völlig ausreichend

5. Gehen Sie aus dieser Situation wieder heraus, lenken Sie sich ab, entspannen Sie sich kurz
   => schütteln Sie kurz Ihren Kopf und Ihre Hände - entspannen Sie sich - lenken Sie sich ab - dann folgt im nächsten Schritt eine Wiederholung oder Vertiefung

6. Stellen Sie sich erneut Ihren Zustand mit allen Ihren Sinnen intensiv vor (analog zu 3.)
   => tauchen Sie in Ihren Zeitpunkt der Ruhe und Gelassenheit ein
   => was sehen Sie in diesem Zustand (aus Ihrem Blickwinkel heraus) ?
   => was können Sie hören - welche Geräusche nehmen Sie wahr ?
   => vielleicht spüren Sie ein Gefühl in Ihrem Körper oder auf Ihrer Haut ?
   => vielleicht nehmen Sie angenehme Düfte war ?
   => tauchen Sie ganz tief ein und erleben Sie intensiv Ihren Zustand

7. Bei max. Intensität dieses Ihres Zustands ankern Sie diesen kurz (analog zu 4.)
   => wenn Sie ganz ganz tief in Ihrem Zustand sind, dann lösen Sie erneut Ihren Anker
   => d.h. dann reiben Sie z.B. behutsam am rechten Ohrläppchen
   => dies sollte nicht länger als ein paar Sekunden dauern

8. Wiederholen Sie die Schritte 5.-7. noch 2-3 mal (das Gefühl muss mit dem Anker gut konditioniert werden - deshalb die Wiederholung)

9. Überprüfung, ob Anker bereits wirkt (der sogenannte „Future Pace“)
   => denken Sie an eine Situation, in der Sie Ihren gewählten Zustand unbedingt benötigen und i.d.R. auch bisher nicht hatten (z.B. ein Auftritt oder eine Präsentation vor vielen Leuten)
   => wenn Sie darauf hin entsprechend reagieren (z.B. leicht nervös werden) dann lösen Sie Ihren Anker einfach
   (z.B. behutsam am rechten Ohrläppchen reiben)
   => Sie merken nun, dass z.B. Ihre leichte Nervosität weicht und Sie ruhiger werden
   => d.h. Ihr Moment of Excellence hat funktioniert
   => sollte es noch nicht so richtig geklappt haben, bitte die Schritte 1.- 9. erneut ausprobieren - bleiben Sie dran - es funktioniert - Sie werden sehen

10. Wiederholen Sie die Schritte 1.-9. in den kommenden Tagen bitte noch ein paar mal
   => dadurch verstärkt sich Ihre Konditionierung

Gratulation; Sie haben nun eine effektive Methode zur Hand, mit deren Hilfe Sie sich jederzeit in einen gewünschten Zustand bringen können.

Auch und besonders im Sport spielt der „Moment of Excellence“ eine ganz wichtige Rolle.

Beispiel:
Viktor ist ein sehr guter Fußballspieler und in dieser Saison mit seiner Mannschaft sehr erfolgreich. Die Mannschaft schaffte es auf den Relegationsplatz und so es kommt nun zum alles entscheidenden Relegationsspiel. D.h. der Sieger aus diesem Spiel steigt in die nächst höhere Liga auf. Das Spiel verläuft ausgeglichen und die vielen Zuschauer feiern ihre jeweilige Mannschaft frenetisch an. Es ist bereits die 89. Minuten angebrochen und noch immer steht es 0:0. Dann wird plötzlich ein Mannschaftskollege von Viktor innerhalb des gegnerischen Strafraums gefoult und der Schiedsrichter zeigt sofort auf den Elfmeterpunkt. Viktor ist als Elfmeterschütze vorgesehen und legt sich den Ball zurecht.
Viktor weiß, dass wenn er den Elfmeter nun verwandelt ist der Aufstieg perfekt. Die Riesenchance für Verein, Mannschaft und letztendlich auch für Viktor selbst.
Auf einmal wird Viktor aber etwas nervös. In seinem Bauch kribbelt eine Armada von wild flatternden Schmetterlingen umher und seine Kehle wird auf einmal ganz trocken. Seine Hände schwitzen und sein Herzschlag gleicht den schnellen Schlägen lauter Technobeats.
Jetzt ist es an der Zeit, seinen „Beruhigungsanker“ zu aktiveren.
Viktor hat sich im Vorfeld des Spiels mittels des „Moment of Excellence“ beruhigend konditioniert. D.h. er hat einen ruhigen und selbstsichernden Zustand mit einem körperlichen Auslöser (Reiben der Nase) verknüpft.
Viktor reibt sich folglich die Nase und sofort durchströmt ein warmer und ruhiger Strom seinen Körper. Er spürt wie er deutlich ruhiger und entspannter wird. Die Aufregung reduziert sich stark - Viktor ist wieder im Vollbesitz seiner Kräfte - sein Selbstvertrauen kommt zurück und jetzt ist er sich sicher.......er wird den Elfmeter verwandeln. Viktor läuft an und und und TRIFFT ......

ACHTUNG:
Bitte einen bereits erzeugten Anker (z.B. das behutsame Reiben des rechten Ohrläppchens) NICHT erneut mit anderen Zuständen verknüpfen.

D.h. immer nur **ein Anker pro Zustand**.

Die Kunst der Betrachtung

Ein wichtiges NLP-Axiom besagt: „Die Landkarte ist nicht das Gebiet", d.h. das Verhalten eines Menschen richtet sich stets nach seinem „inneren" Bild und nicht danach, wie die Welt (draussen) wirklich ist. Wir haben in unserem Leben bestimmte Erfahrungen gesammelt und Weltanschauungen und Glaubenssätze von Eltern, Bekannten, Lehrern, Freunden, etc. übernommen. Das macht jeder von uns völlig unbewusst und das ist auch völlig normal.
Alle Eindrücke von unserer Welt und Umwelt nehmen wir folglich auf, interpretieren diese im direkten Abgleich mit unseren gesammelten Erfahrungen und Glaubenssätze und handeln dann entsprechend. D.h. wir reagieren rein subjektiv auf objektive Geschehnisse, in dem wir diese interpretieren und dann davon ausgehen, dass die Welt nun einmal so sei.

Dies ist aber ein großer Irrglaube !

Das Interessante daran ist aber auch, dass die inneren Vorstellungen sich stets in unserem äusseren Verhalten zeigt. Entweder in Form unserer Sprache (verbal), d.h. wie und was wir sagen und zum anderen über unser Verhalten (non-verbal), also unsere Körpersprache.
Wenn wir es also schaffen, dass wir aus diesen Erkenntnissen heraus einfach mal über uns und unser Agieren nachdenken, erreichen wir urplötzlich eine völlig neuartige Situation

Die Macht unserer Gedanken

=> was denke ich gerade ?
=> sind diese Gedanken für mich auch wirklich hilfreich ?
=> sind diese Gedanken eigentlich zielführend für mich ?

Wenn wir es schaffen, dass wir „Herr über unsere Gedanken" werden, haben wir auch die direkte Möglichkeit unser Handeln danach auszurichten und sofort zu verändern.

Du kriegst was Du denkst

oder frei nach Moshe Feldenkrais:

Wenn Du nicht weißt, was du tust, kannst Du sicherlich nicht das tun, was Du willst

Unsere Gedanken sind die Triebfedern unseres Handelns. Viele von uns waren sich aber bisher nicht im Klaren darüber, dass wir jetzt und sofort unsere Gedanken stoppen und verändern können. Negative Gedanken ziehen uns herunter, wir fühlen uns unwohl und schlecht wenn wir negativ denken. Positive Gedanken hingegen befreien uns und geben uns Kraft und zeigen uns die schönen Seiten des Lebens. Damit möchte ich aber nicht sagen, dass wir künftig unsere Augen vor allem Negativen oder Unschönen verschließen sollten, aber es macht doch einen erheblichen Unterschied, ob wir zeitnah in der Lage sind, wieder positiv und zielführend zu denken.
Andreas Ackermann hat mit seinem **NIPSILD** hier eine nette Abkürzung kreiert, die uns daran immer erinnern soll.

NIPSILD bedeutet: **Nie In Problemen, Sondern In Lösungen Denken**

Das mentale Training, welches nicht nur im Sport zum Tragen kommt, basiert genau auf der Macht unsere Gedanken. Im mentalen Training werden künftige Abläufe oder Geschehnisse mental trainiert oder gelöst. Unser Gehirn macht keinen Unterschied, ob eine Sache wirklich passiert oder ob wir uns lediglich mental damit beschäftigen. Folgendes Beispiel soll Ihnen das kurz erläutern.

+++
Stellen Sie sich vor, dass Sie eine frische, gelbe Zitrone in der einen Hand halten. Mit einem Messer in der anderen Hand schneiden Sie nun diese Zitrone in zwei Hälften. Das machen Sie ganz langsam und behutsam. Ihr Messer schneidet und teilt die Zitrone in zwei gleiche Hälften. Sie können den frischen Geruch einer Zitrone bereits riechen und sehen wie der säuerliche, frische Saft aus der Zitrone läuft. Sie nehmen nun eine der beiden Zitronenhälften in die Hand und beissen herzhaft in die Zitrone.
+++

Wenn Sie sich das Ganze nun bildhaft vorgestellt haben, dann dürften Sie zum einen Speichel produziert haben und zum anderen haben Sie wahrscheinlich Ihr Gesicht verzogen als Sie in die Zitrone gebissen haben - richtig ? Aber Sie hatten doch in Wirklichkeit gar keine Zitrone in der Hand und Sie haben auch nicht wirklich in eine Zitrone gebissen und dennoch hat Ihr Körper reagiert. Wie kann das sein ?
Ihre Gedanken und Ihre Vorstellungskraft waren es, die diese Reaktion ausgelöst haben. D.h. Gedanken oder bildhafte Vorstellungen erzeugen körperliche Reaktionen.

Fazit: Seien Sie sich Ihrer Gedanken deshalb stets bewusst und ändern Sie diese, sofern diese nicht zielführend und nicht hilfreich für Sie sind. Lassen Sie Ihre negativen Gedanken los und richten Sie Ihre mentale Aufmerksamkeit auf die vielen schönen und positiven Dinge in Ihrem Leben.

ES FUNKTIONIERT ... LOS FANGEN SIE AN !!!

Die Macht unserer Wörter

Welche Wörter verwende ich häufig beim Sprechen ?
Welche Wirkung können diese Wörter bei anderen Menschen erzeugen ?
Gibt es alternative Wörter, die bei anderen Menschen eine andere Wirkung zur Folge haben ?

Egal ob im Beruf oder im Privatleben, unsere Wortwahl ist letztendlich immer ausschlaggebend, ob wir bekommen was wir wollen oder eben nicht. Neben der Lautstärke, der Redegeschwindigkeit, dem Klang der Sprache, sind es eben die gewählten Wörter, die Zustimmung oder Ablehnung bei unserem Gegenüber erzeugen.
Die Wörter aber wiederum folgen unseren Gedanken (siehe oben, die Macht unserer Gedanken), d.h. denken wir schwerpunktmäßig in Bildern, so wird unsere Wortwahl auch bildhaft sein. Sind wir eher ein auditiver Typ, so verwenden wir eher Wörter, die mit dem Hören in Verbindung gebracht werden können. Gefühlsmenschen sprechen hingegen emotional und bedienen sich der Wörter, die Gefühle in den Mittelpunkt stellen.

Beispiel:
Der visuelle Autoliebhaber schwärmt von seinem neuen Wagen, in dem er das Design, die Formen und Farben beschreibt. Der stolze auditive Autobesitzer beschreibt sein Auto, in dem er den Sound der Auspuffanlage und das leise schnurren des 6-Zylinders beschreibt. Sein Freund - der kinästhetische oder emotionale Autofreak beschreibt seinen Boliden, in dem er die weichen Schalensitze und das griffige Sportlederlenkrad hervorhebt.
Sie haben alle etwas gemein - sie lieben ihr Auto - aber dennoch sind die Ursachen dieser Autoliebe völlig unterschiedlich. Unsere Wörter folgen unseren Gedanken und somit unserer Interpretation der Welt.

D.h. kennen wir unsere Gedanken und sind wir uns bzgl. unserer Wortwahl und der Auswirkung auf unserem Gegenüber bewusst, lässt sich viel erfolgreicher kommunizieren. Es ist aber wohl auch selbstredend, dass „Schimpfwörter“ oder „Kraftausdrücke“ i.d.R. weniger zum Gelingen eines gelungenen Dialogs beitragen.

Weniger bekannt ist aber, dass wir sehr oft das ausdrücken, was wir eben „NICHT“ wollen.
Sind Ihnen diese Äusserung irgendwie bekannt ?:
- Pass auf, dass du nicht vom Baum fällst .....
- Sei vorsichtig, dass du dir nicht in den Finger schneidest ....
- Die Präsentation war gar nicht schlecht .....
- Pass auf, dass du dich nicht verletzt .....

Das Problem ist, dass wir uns ein „NICHT“ mit unserem Gehirn nicht vorstellen können. Wir haben uns nämlich erst dieses Bild vor unserem inneren Auge vorstellen müssen, bevor wir es dann wieder streichen konnten. Denken Sie bitte jetzt nicht an eine „gelbe Zitrone“ ....
Sie haben es getan, oder ? Sie haben sich erst eine gelbe Zitrone vorgestellt und sich dann daran erinnert, dass Sie sich diese ja gar nicht vorstellen sollen.

Was heisst das nun ?
Wenn wir zu unserem Kind sagen: „Sei vorsichtig, dass du dir nicht in den Finger schneidest“, dann hört das Kind erstmal: „in den Finger schneiden“. Die Wahrscheinlichkeit, dass sich Ihr Kind jetzt in den Finger schneidet ist deutlich höher, als wenn wir einfach sagen würden: „deine Finger bleiben heil“.

Darüber hinaus machen auch implizite Annahmen einen Großteil von Missverständnissen aus. Wir hören etwas und glauben zu wissen was gemeint ist, obwohl unser Gegenüber wohlklingende Wörter wie, „Ordnung“, „Liebe“, Spaß“, „Freude“, „Angst“, „Toleranz“, „Wahrheit“, usw. verwendet und diese bei ihm aber in einem völlig anderen Kontext stehen können.
Was meint er wirklich, wenn von Liebe die Rede ist ? Versteht er unter Liebe vielleicht „Treue“ oder wird nur „Akzeptanz“ verstanden.
Vielleicht denkt er bei Liebe aber auch sofort an „Streicheleinheiten“ oder gar „wilden Sex“. Oder aber er denkt an die „Fürsorge“ und „Wärme“ der elterlichen Liebe.
Solange wir nicht genau wissen was unser Gegenüber mit einem Wort (z.B. Liebe) wirklich verbindet und meint, so lange besteht die Gefahr missverstanden zu werden.

Vor allem sind es die Nominalisierungen (ein Verb oder Adjektiv in ein Nomen umwandeln), welche zu abstrakten und unkonkreten Hauptwörtern führen. Vermeiden Sie deshalb möglichst solche Nominalisierungen. Sofern Ihr Gegenüber mit Nominalisierungen um sich wirft, sollten Sie versuchen diese „aufzudecken“ bzw. „aufzuklaren“.

Dies ist durch gezieltes Hinterfragen relativ leicht möglich.

Bsp.:
Aussage: „Ich bekomme keine Anerkennung"
Frage: „Wer erkennt dich nicht an ?"

Aussage: „Die Umstrukturierung der Abteilung hat begonnen"
Frage: „Wer genau macht was genau ?"

Aussage: „Das Leben ist eine Qual"
Frage: „was quält dich in deinem Leben ?"

Aussage: „Ihre Arbeit haben Sie gut gemacht"
Frage: „was genau an meiner Arbeit hat Ihnen gefallen ?"

Aufgrund der Fragen müssen die Gesprächspartner nun ihre Aussage konkretisieren und für uns verständlicher formulieren.

Fazit: Überprüfen Sie regelmäßig Ihre Sprache und deren mögliche Wirkung auf anderen Menschen.
Vermeiden Sie möglichst Nominalisierungen und sagen Sie stets was Sie wollen und nicht was Sie nicht wollen.

Die Macht der Zustände (assoziiert versus dissoziiert)

Wenn ich mich an etwas erinnere, sehe ich dann die Erinnerung aus meinem eigenen Blickwinkel - mit meinen eigenen Augen (= assoziiert) oder sehe ich mir von aussen zu - als ob ich eine andere Person wäre (= dissoziiert) ?

Das klingt so banal und unwichtig - ist jedoch ein immens großer Unterschied

Übung: stellen Sie sich vor, Sie fahren auf dem Oktoberfest (Wiesn) mit einer neuen wilden Achterbahn - eine für ganz harte Zeitgenossen

1. assoziiert

Sie sitzen im Wagen (Achterbahn) und nehmen mit Ihren Sinnen alles spürbar wahr - genau so, als ob Sie gerade wirklich selbst fahren
=> der Wagen fährt los
=> der Wagen wird nach langsam nach oben gezogen - eine Brise Wind ist zu spüren - die Menschen am Boden werden nun immer kleiner - es kribbelt
=> der Wagen ist jetzt oben angekommen - die Menschen am Boden sind jetzt alle so winzig - Nervosität macht sich deutlich bemerkbar
=> der Wagen rollt beschleunigend nach unten - der Fahrtwind bläst ins Gesicht - überall wildes Kreischen ist zu hören - der Wagen rast in die Tiefe

Das war heftig - nicht wahr ? - Haben Sie alles gespürt ?

Und nun die gleiche Situation aus einem ganz anderen Blickwinkel

2. dissoziiert

Sie sind jetzt ein Zuschauer und sehen zu, wie Sie selbst Achterbahn fahren
=> Sie sehen wie der Wagen mit Ihnen losfährt
=> Sie beobachten wie Ihr Wagen nach oben gezogen wird
=> Sie erkennen, dass der Wagen oben angekommen ist
=> Sie sehen wie der Wagen beschleunigend nach unten rollt

Ergebnis: Eine assoziierte Vorstellung oder auch Erinnerung ist viel intensiver spürbarer als eine dissoziierte.
Im assoziierten Zustand ist man „mitten drin“ und im dissoziierten „nur dabei“.

weitere Übung:
Erinnern Sie sich bitte kurz an 3 negative Erlebnisse in Ihrem Leben und danach an 3 positive Erlebnisse.
Beobachten Sie dabei, in welcher Form Sie sich erinnern, also assoziiert (mit eigenen Augen) oder dissoziiert (als Beobachter).

Tragen Sie Ihr Ergebnis in folgende Tabelle:

positive Erinnerung - assoziiert	**positive Erinnerung - dissoziiert**
negative Erinnerung - assoziiert	negative Erinnerung - dissoziiert

Im Idealfall sind Ihre „positiven" Erinnerung stets assoziiert und Ihre negativen Erinnerungen stets dissoziiert. Sollte dies bei Ihnen und Ihren Erlebnissen nicht der Fall sein, dann versuchen Sie doch einfach mal willentlich dies zu ändern.
D.h. wenn Sie bisher ein negatives Erlebnis assoziiert abgespeichert haben, dann versuchen Sie doch einfach mal die Rolle des Beobachters einzunehmen und sofort wird Ihr negatives Erlebnis an Bedeutung und Emotionen verlieren.

Fazit: Versuchen Sie künftig negative Gedanken (Erinnerungen, Vorstellungen) stets dissoziiert und positive oder gewünschte Gedanken (Erinnerungen, Vorstellungen) stets assoziiert zu betrachten. Wenn Sie das konsequent beherzigen, werden Ihnen ab jetzt negative Erinnerungen und Erlebnisse weit weniger emotional und schmerzhaft vorkommen.
Auf der anderen Seite können Sie positive und tolle Erinnerungen durch die Assoziation nun viel intensiver und angenehmer erleben.

WAS FÜR EIN GEWINN !!!

Die Macht der Bereiche (Einflussbereich/Interessenbereich):

Denken Sie im Allgemeinen über Themen nach, die Sie selbst direkt beeinflussen können oder denken Sie mehrheitlich über Themen nach, die nicht direkt in Ihrem Einflussbereich liegen, für die Sie sich aber sehr interessieren (Interessenbereich) ?
Es macht -ehrlich gesagt- wenig Sinn, sich von Themen/Sorgen/Problemen aus dem Interessenbereich hinunterziehen zu lassen, da man ohnehin keinen unmittelbaren Einfluss darauf hat.
Sinnvoller wäre es, wenn wir uns auf die Themen und Aufgaben konzentrieren, auf die wir einen direkten Einfluss haben - die wir auch wirklich verändern können. Nur hier haben wir einen unmittelbaren Einfluss.
Viele Menschen lassen sich von den schlimmen Themen dieser Welt, wie Hungersnot in Afrika, Überschwemmungen in Asien, Börsenkrisen oder Kriege zu stark beeinflussen und deprimieren. Nicht dass wir uns an dieser Stelle falsch verstehen - solche Ereignisse sind grausam, brutal, unnötig und ungerecht. Keine Frage - das sehe ich genau so. Und es ist auch ganz wichtig, dass viele Menschen über unsere Welt intensiv nachdenken und zielgerichtet handeln.
Es ist wichtig und richtig dass wir Menschen in Not helfen - wir alle Leben auf der selben Welt - wir alle atmen die selbe Luft - wir alle haben eben NUR diese eine Welt. Es geht uns folglich ALLE an.
ABER es macht auch einen erheblichen Unterschied ob ich diese Probleme erkenne und dann gezielt individuell handle und helfe (in meinem Einflussbereich - z.B. durch Spenden usw.) oder ob ich vor diesen Problemen erstarre und mich mental völlig runterziehen lass - so stark, dass ich eventuell sogar Depressionen davon bekomme.

Klagen über das große Ganze hilft uns nicht wirklich weiter - aber aktiv mitwirken, dass unsere Welt ein klein wenig besser wird - das sollte unser Ziel sein und das schaffen wir nur in unserem individuellen Einflussbereich.

Fazit: Verbringen Sie Ihre Zeit mehrheitlich in Ihrem Einflussbereich, denn diesen können Sie auch wirklich gestalten und ggf. verändern. Der Einflussbereich ist der Bereich unseres Handelns - hier können wir aktiv mitwirken, mitgestalten und auch etwas verändern.

Die Macht der Betrachtung

Es macht immer einen erheblichen Unterschied, aus welcher Sicht man eine Situation betrachtet bzw. welche Bedeutung man ihr gibt.
Die folgende Geschichte erklärt die Macht der Betrachtung sehr anschaulich:

Der Bauer und das Pferd
(aus dem Buch „Reframing“ von Bandler/Grinder)

Eine sehr alte chinesische Tao-Geschichte erzählt von einem Bauern in einer armen Dorfgemeinschaft. Man hielt ihn für sehr gutgestellt, denn er besaß ein Pferd, mit dem er pflügte und Lasten beförderte. Eines Tages lief ihm aber sein Pferd davon.
All seine Nachbarn kamen und riefen, wie schrecklich das sei, aber der Bauer meinte nur: "Vielleicht ist es so".
Ein paar Tage später kehrte urplötzlich das Pferd zurück und brachte auch noch zwei Wildpferde mit.
Die Nachbarn kamen erneut und freuten sich alle über sein günstiges Geschick, aber der Bauer sagte nur: "Vielleicht ist das so".
Am nächsten Tag versuchte der Sohn des Bauern, eines der Wildpferde zu reiten; das Pferd warf ihn jedoch ab und er brach sich unglücklicherweise ein Bein. Die Nachbarn übermittelten ihm alle ihr Mitgefühl für dieses Missgeschick, aber der Bauer sagte wieder: "Vielleicht ist das so".
In der nächsten Woche kamen Rekrutierungsoffiziere ins Dorf, um die jungen Männer zur Armee zu holen. Den Sohn des Bauern wollten sie nicht, weil sein Bein immer noch gebrochen war. Als die Nachbarn dem Bauern sagten, was für ein Glück er habe; sie jedoch ihre Söhne in den Krieg ziehen lassen mussten, antwortete der Bauer: "Vielleicht ist das so".

Aus dem NLP kennt man derartiges „umdeuten“ als Reframing (einen anderen Rahmen bekommen). Hierbei bekommen Ereignisse und Geschehnisse eine neue (alternative) Bedeutung zugeordnet. Die Veränderung des Rahmens (bzw. der Rahmenbedingungen) verändert sofort die Sicht oder Beurteilung auf ein Ereignis oder ein Gefühl.

Fazit: Bevor wir zu schnell urteilen oder voreilig Schlüsse ziehen, wären wir häufig gut beraten, den Standort der Betrachtung einfach mal zu wechseln. Häufig bekommen dann die Dinge eine ganz andere Bedeutung. Es ist doch viel zielführender, sich neuen Herausforderungen zu stellen, als vor einem Berg voller Probleme zu stehen.

Versuchen Sie doch mal die Dinge mit einer anderen Brille zu sehen, d.h. geben Sie den Dingen einfach einen völlig neuen Rahmen.

Wir alle kennen das bewerte Beispiel mit dem Glas Wasser.
Für den einen unter uns mag das Glas vielleicht halb leer sein (was einen traurig stimmen könnte, weil das Wasser so erfrischend und lecker ist und schon bald verschwunden ist) und für den anderen ist das Glas aber noch halbvoll (was beruhigt, denn es ist noch so viel gutes Wasser im Glas)

Eine einfache aber sehr wirksame Erfolgsstrategie - probieren Sie es aus ...

it works !!!!

Gerade diese kognitiven Methoden Ihres Power-Buffets eignen sich ganz hervorragend für diejenigen Menschen unter uns, die vieles im Leben mit der „Ratio" erfassen und lösen wollen. Menschen die es gewohnt sind „logisch" und „abstrakt" zu denken.
Üben und wenden Sie die Methoden an - immer und immer wieder.
Sie werden sehr schnell merken und spüren wie sich durch Ihre Veränderungen im eigenen Denken und Handeln auch auf einmal die Verhaltensweisen Ihrer Mitmenschen (ob privat oder beruflich) verändern.

Probieren Sie es aus .... und bedenken Sie:

Wer immer das selbe tut oder denkt wird auch immer das selbe erhalten

Limbischen Methoden:

Das limbische System (Limbic System) ist eine Funktionseinheit des Gehirns, welches der Verarbeitung von Emotionen und der Entstehung von Triebverhalten dient.
Das Limbische System ist eine funktionelle Einheit aus Strukturen des Großhirns, Zwischenhirns und des Mittelhirns.
Die Strukturen liegen nahezu ringförmig um den Hirnstamm (Brainstem), daher auch der Name Limbisches System (limbus: griech. Saum).
Mit Hilfe des limbischen Systems sind wir in der Lage, Affekte und Emotionen, wie Wut - Angst - Lust - Unlust - Motivation, zu steuern.
Darüber hinaus werden viele instinktive Verhaltensweisen dem limbischen System zugeschrieben.

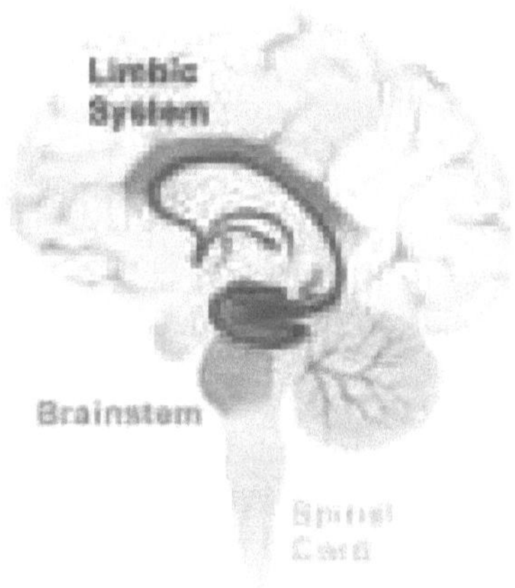

(Quelle: www.wikipedia.de)

In der Hirnforschung ist man sich mittlerweile einig darüber, dass das limbische System als eine Art „Torwächter“ agiert, d.h. alle hereinkommenden Sinnessignale werden dort geprüft, bevor sie an folgende Gehirnregionen weitergeleitet werden. Somit ist das limbische System die schnellstreagierenste Gehirnregion. In „Notsituationen“ kann es auch die Weitergabe der Informationen/Eindrücke an spätere Gehirnregionen unterbinden. Dies ist dann für uns (überlebens-)wichtig, wenn wir „instinktiv“ und „schnell“ handeln müssen.

In diesem Zusammenhang wird meist das Beispiel des angreifenden Säbelzahntigers aufgegriffen.
Stellen Sie sich vor, Sie lebten in der Vorzeit und wären dabei, Beeren für das Essen zu pflücken. Sie sind allein und Ihr Korb mit Beeren ist bereits halb gefüllt. Es dämmert bereits, aber Sie wollen Ihren Korb noch vollständig füllen.
Auf einmal springt ein riesiger Säbelzahntiger aus dem Gebüsch. In diesem Moment agiert sofort Ihr limbisches System und stellt sich auf „Flucht" oder „Kampf" ein.
Die Weiterleitung der Information an bewusst denkende Gehirnareale wird kurzzeitig unterbrochen, denn jetzt geht es um Ihr Überleben. Es wäre wenig hilfreich für Sie, wenn jetzt Ihre bewusst denkenden Gehirnareale die Situation erstmal logisch und sachlich prüfen würden, um zu der Erkenntnis zu gelangen, dass der Tiger vielleicht doch gerade gefressen haben könnte und somit keine unmittelbare Gefahr für Sie bestünde. Würden wir so funktionieren, dann wären wir wohl bereits seit jenen Tagen ausgestorben.
Zum Glück verfügen wir aber über das limbische System, welches uns in derartigen Situationen blitzartig reagieren lässt. Das limbische System ist es, welches dafür sorgt, dass wir Stresshormone wie Adrenalin und Nor-Adrenalin über unser Zwischenhirn (Hypothalamus) ausschütten. Dadurch steigt neben unserer Herzfrequenz auch unser Blutdruck und Energiereserven werden schnell bereitgestellt.
D.h. wir sind auf „Flucht" oder „Kampf" eingestellt.

In der heutigen Zeit und Welt gibt es -glücklicherweise- keine Säbelzahntiger mehr, jedoch funktioniert unser limbisches System analog zu früher. Geraten wir heute in eine Gefahren- oder Stresssituation, schalten wir immer noch auf „Flucht" oder „Kampf" und unser Körper wird sofort mit Stresshormonen überschüttet. Da wir aber nicht mehr in jeder Stresssituation kämpfen oder weglaufen können (sofern wir über ein gewisses Interesse an Integration in unserer Gesellschaft haben), werden diese Hormone deutlich langsamer vom Körper abgebaut als früher. Dies hat zur Folge, dass wir bei permanenter Stressbelastung körperliche Schäden davontragen können.

Die folgenden Schaubilder stellen diesen Zusammenhang einmal grafisch kurz dar.

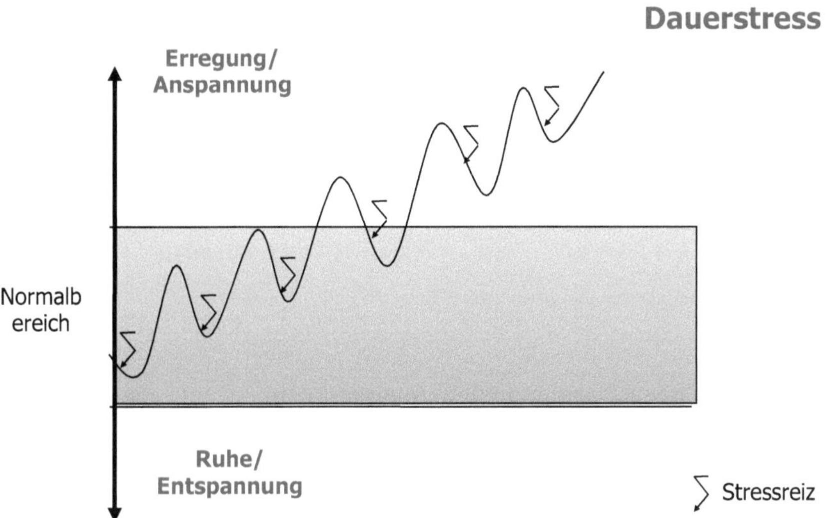

Dauerstress führt allmählich zum Verlassen des Normalbereichs
=> Dauererregung ist die Folge

Stress kann dabei völlig unterschiedliche Auslöser (Stressoren) haben.
Das daraus resultierende Stressempfinden variiert aber von Mensch zu Mensch und ist völlig individuell.

Generell unterteil man diese Stressoren in zwei Bereiche:
- Objektiv (wirken von aussen auf uns ein)
- Subjektiv (entstehen durch unsere inneren Strukturen)

Das folgende Schaubild zeigt die einzelnen Stressphasen und deren Auswirkungen auf uns und unseren Organismus

Die Stressphasen....(kurzer Überblick)

Stressoren:
1. Objektive Stressoren:
(Schlafentzug, Krankheiten, Hitze, Kälte, Hunger, Durst, Lärm, monotone Arbeit, Unterforderung, Überforderung, usw.)
2. Subjektive Stressoren:
(negative Denkmuster, Feindseligkeit, Hineinsteigern, Dominanzstreben, Konkurrenzdenken, Ungeduld, Wut, usw.)

Reiz / Alarmsignal

Zwischenhirn aktiviert über Sympathikusnerv die Nebenniere

Nebennierenmark schüttet Hormone Adrenalin und Noradrenalin in Kreislauf

- schneller Herzschlag
- höherer Blutdruck
- höherer Blutgerinnungsfaktor

Botenstoff ACTH ruft Hydrocortison (Cortisol) aus der Nebennierenrinde

- Immunabwehr
- Verdauungsprozess
- Sexualfunktion

sind reduziert bzw. ausgeschaltet

Die einzelnen Stressphase und deren Auswirkungen

David Servan-Schreiber bezieht sich in seinem Buch „Die neue Medizin der Emotionen“ auf klinische Untersuchungen, welche zu dem Ergebnis gelangen, dass zwischen 50-75% aller Arztbesuche in der westlichen Welt auf „Stress“ zurück zu führen sind. Die in den westlichen Ländern am häufigsten eingesetzte Medikamente stehen dabei in einem unmittelbaren Zusammenhang mit Stress
(z.B. Antidepressiva, Beruhigungs- und Schlafmittel, Mittel gegen Bluthochdruck, Antacida bei Sodbrennen und Magengeschwüren,...).

Hier bieten die limbischen (aber auch die später noch ausführlich beschriebenen energetischen) Methoden eine wirksame und vor allem nebenwirkungsfreie Alternative dar.

wingwave / EMDR im Coaching

EMDR steht für „Eye Movement Desensitization and Reprocessing“ und wird verstärkt in der Traumatherapie eingesetzt. EMDR wurde von Francine Shapiro im Jahre 1987 entdeckt bzw. entwickelt. Dabei soll Frau Shapiro bei einem Spaziergehen ihre belastenden Gedanken verloren haben, während sie zufällig immer wieder abwechselnd nach links und rechts blickte. Ob das so war oder nicht ist aus meiner Sicht völlig belanglos. Fakt ist, dass es auch in der Kinesiologie und selbst im Yoga schon länger Übungen mit entsprechenden Augenbewegungen (z.B. liegende Acht) gab und gibt. Was zu dieser Zeit sicherlich neuartig war, waren die relativ schnellen „links-rechts-Bewegungen“ der Augen. Dadurch entsteht eine sog. bilaterale Hemisphärenstimulation, welche wir auch auf natürliche Weise während der REM-Phase (Schlafphase) erzeugen. In der REM-Phase (REM = Rapid Eye Movement) bewegen sich unsere Augen abwechselnd nach rechts und links. Eine hundertprozentige Erklärung über die Wirksamkeit von EMDR konnte bisher noch nicht erbracht werden. Es ist aber stark davon auszugehen, dass durch die bilaterale Stimulation (über die Augen; ist aber auch über auditive (Gehör) oder taktile (Berührung) Inputs möglich) die Zusammenarbeit beider Gehirnhälften optimiert und synchronisiert wird. Dadurch lösen sich Blockaden in sehr schneller Zeit auf.
EMDR ist mittlerweile die wohl wirksamste Psychotherapiemethode bei posttraumatischen Belastungsstörungen weltweit.

Das Ehepaar Siegmund (Psychologen aus Hamburg) haben EMDR, dessen Ausbildung ausschließlich Ärzten und Psychologen vorbehalten ist, weiterentwickelt und für eine breitere Anwenderschaft zur Verfügung gestellt. Dabei wurden noch Elemente aus dem NLP und der Kinesiologie hinzugenommen. Entgegen der „schweren“ Fällen in der Psychotherapie mit EMDR, zielt wingwave auf das Coaching von alltäglichen Problemen, wie Leistungsblockaden, Ängste, Sorgen, Unsicherheiten, Trauer, etc. ab. Wingwave kommt aber auch im Mental- und Sportcoaching erfolgreich zum Einsatz. So wurden einige Nationalspieler der deutschen Handball-nationalmannschaft beim Erreichen des Weltmeistertitels im Jahre 2006 mit wingwave gecoacht.
Es gibt mittlerweile viele Bücher über EMDR und auch einige über wingwave, jedoch ist es ratsam, dass man sich diese Methoden/Techniken in Form einer Ausbildung aneignet.
Das liegt vor allem daran, dass die Wirksamkeit der bilateralen Hemisphärenstimulation doch sehr hoch ist. Dadurch kann es zu sehr schnellen und intensiven Reaktionen des „Bewunkenden“ kommen. Hier ist ein geschulter wingwave-Coach oder Therapeut besser ausgebildet und vorbereitet als der gewöhnliche Laie.

Da Ihr Power-Buffet für den Eigengebrauch geschrieben wurde, macht eine weitere und tiefere Erklärung der Vorgehensweise für das wingwave-Winken an dieser Stelle keinen Sinn.
Folgende Bilder zeigen „das Winken" mit der Hand vor den Augen bei EMDR und wingwave:
Wichtig dabei ist, dass sich lediglich die Augen und nicht der Kopf bewegen.

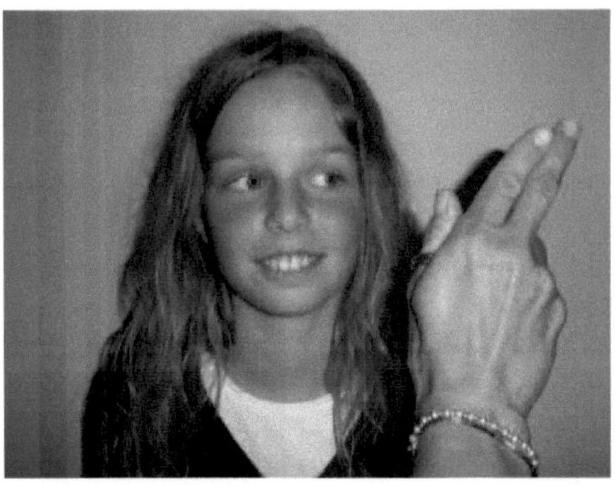

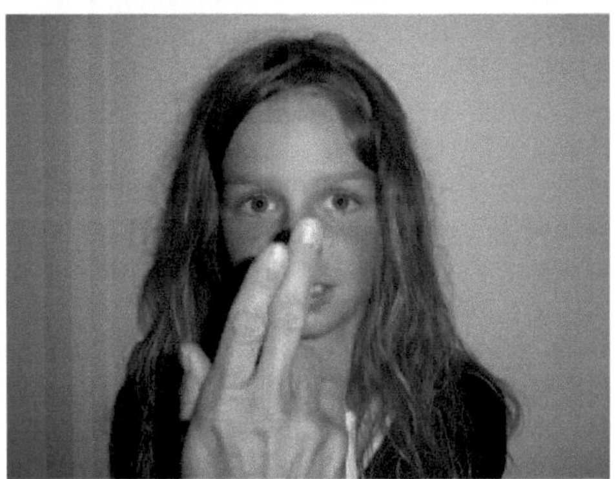

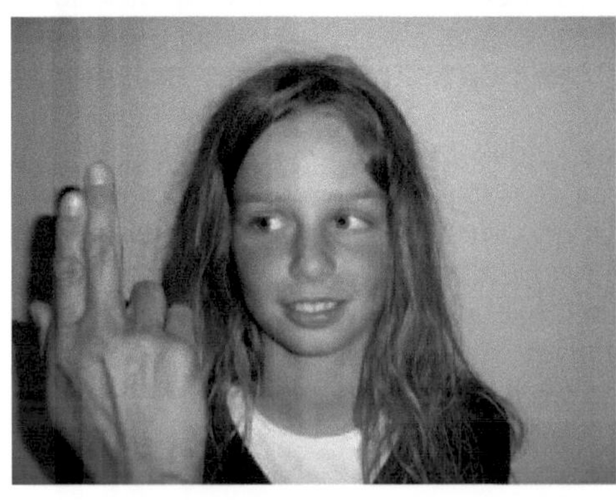

Da wir nicht in der Lage sind uns selbst zu bewinken, gibt eine sehr einfache und ebenso wirksame bilaterale Hemisphärenstimulationstechnik, die alleine angewandt werden kann, der sog. Butterfly.
Dabei wird die linke Hand auf die rechte Schulter und die rechte Hand auf die linke Schulter gelegt. Nun erfolgt der abwechselnde Reiz nicht visuell über die Finger (winken), sondern durch abwechselndes klopfen der beiden Hände auf der Schulter.
Bei der Butterfly-Methode kommt es auch nicht zu den schnellen und plötzlichen Veränderungen, was gerade für den Eigengebrauch und dem Selbstcoaching sinnvoll ist.
Beklopfen Sie jede Schulter ca. 1 x pro Sekunde, so dass Sie einen abwechselnden akustischen und taktilen Reiz pro Schulterseite bekommen.

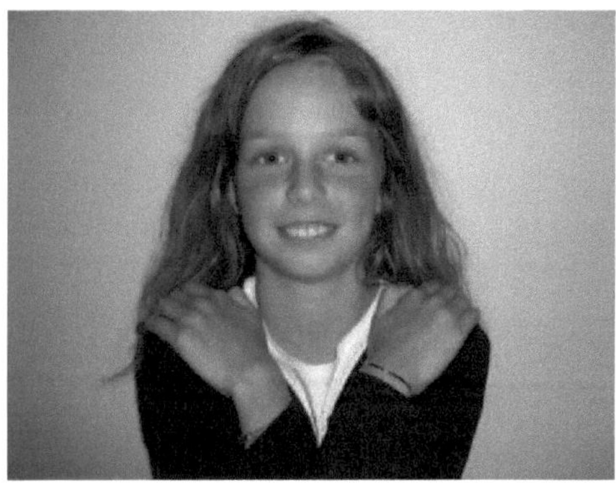

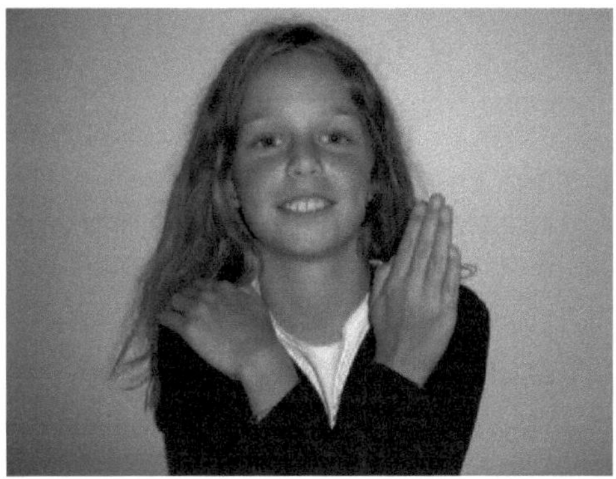

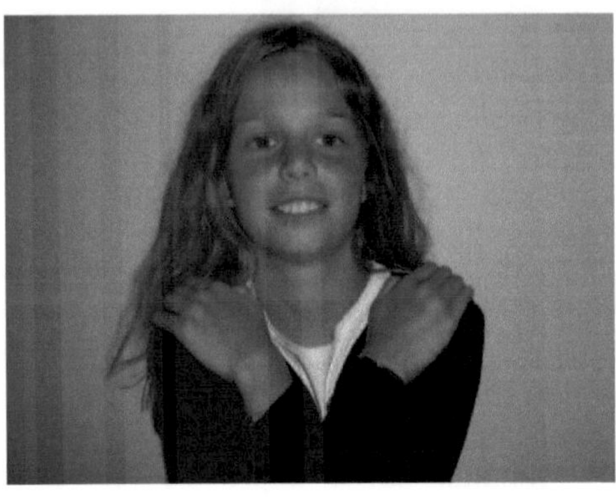

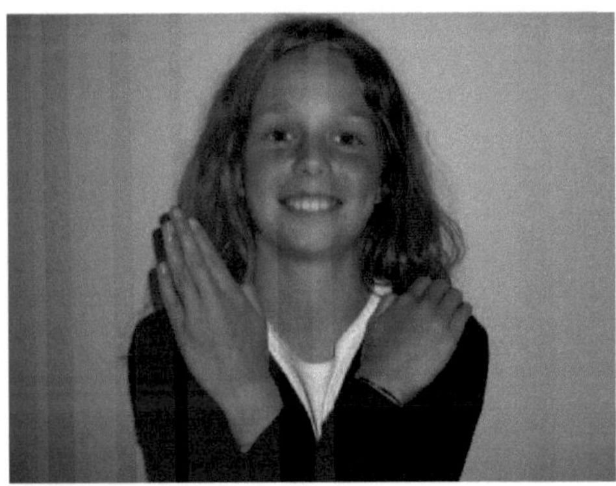

Damit die Arbeit mit dem Butterfly erfolgreich und zielgerichtet erfolgen kann, bitte ich Sie folgende Schritte einzuhalten:

1. **Einstimmung (auf das Thema fokussieren)**
   => suchen Sie sich einen ruhigen Platz, setzen und entspannen Sie sich
   => wählen Sie sich Ihr zu bearbeitendes emotionsgeladenes Thema aus
   => benennen Sie es (z.B. mein Lampenfieber bei Auftritten oder wichtigen Spielen)
   => tauchen Sie in eine Ihnen bestens bekannte/erfahrene Situation (ein Erlebnis, welches eben dieses emotionsgeladene Thema hervorrief) ein

2. **Bewertung**
   => stufen Sie Ihr emotionsgeladenes Thema in einer Skala von 0 - 10 ein
   => dabei ist 0 = keine Emotion und 10 = extreme Emotion

3. **Einfühlen (Körpergefühl)**
   => tauchen Sie weiter tief in Ihre Situation (emotionsgeladene Erlebnis) ein - „horchen“ Sie genau in sich hinein
   => wo spüren Sie was im Körper
   (z.B. starkes, pulsierendes Bauchkribbeln unterhalb des Bauchnabels)
   => bleiben Sie in dieser Situation und fahren unmittelbar mit Punkt 4 weiter

4. **Bilaterale Hemisphärenstimulation** (Butterfly-Intervention)
   => bleiben Sie tief in Ihrer Situation (Erlebnis) und beginnen Sie mit der Intervention - d.h. legen Sie Ihre Hände über Kreuz auf Ihre Schultern und klopfen Sie langsam und abwechselnd - links - rechts - links - rechts ....
   => klopfen und atmen Sie ganz ruhig - bleiben Sie entspannt
   => ändert sich Ihr Körpergefühl, bleiben Sie ruhig und klopfen Sie einfach weiter
   => lassen Sie den Prozess der Verarbeitung einfach laufen
   (ruhig weiterklopfen) - spüren Sie wie sich das Gefühl Ihrer emotionsgeladenen Situation verändert - ja vielleicht im Körper wandert.
   => wenn Sie das Gefühl haben, Sie müssen/brauchen nicht mehr klopfen, dann hören Sie einfach auf
   (das kann nach einer oder erst nach fünf Minuten der Fall sein)

5. **Abschalten / Ablenken**
   => stehen Sie kurz auf und verlassen Sie mental Ihr Thema (ablenken)
   => trinken Sie vielleicht zusätzlich ein Glas Wasser (das ist immer gut)

6. **Einstimmung** (erneut auf das Thema fokussieren)
   => setzen Sie sich wieder und entspannen Sie sich wieder
   => tauchen Sie erneut in Ihre bestens bekannte/erfahrene Situation (Erlebnis) ein

7. **Bewertung** (erneut)
   Stufen Sie erneut Ihr emotionsgeladenes Thema in einer Skala von 0 - 10 ein, dabei ist wieder 0 = keine Emotion und 10 = extreme Emotion.
   In den meisten Fällen sollte jetzt eine Veränderung stattgefunden haben, d.h. zu Beginn waren Sie vielleicht bei 7 und jetzt sind Sie bereits nur noch bei 3 auf Ihrer Skala

8. ggf. **Wiederholung**
   Wiederholen Sie die Schritte von 1-7 sofern Ihre Einstufung nicht bei 0 oder annähernd 0 ist

(so lange, bis Ihr spezielles Thema keine Emotionsladung mehr für Sie hat)

Tipp:
Schließen Sie während der Intervention (Klopfen auf Schultern) auch Ihre Augen und versuchen Sie Ihre Augen analog zum Klopfzeichen zu bewegen. D.h. klopfen Sie auf Ihre rechte Schulter, dann bewegen Sie Ihre Augen auch nach rechts usw..

Es kann durchaus sein, dass Sie beim erneuten Eintauchen und Einfühlen in Ihre Situation auf einmal neue oder andere Körpergefühle wahrnehmen. Seien Sie nicht beunruhigt, das ist völlig normal und ein Zeichen dafür, dass sich etwas in Ihnen „bewegt".

Sie haben jetzt eine einfache, aber äusserst effektive Methode kennengelernt, mit der Sie Ihre emotionsgeladenen Themen zielgerichtet und sukzessive bearbeiten können.

Worauf warten Sie noch ?

Los, räumen Sie bei sich auf und bearbeiten Sie gleich das nächste Thema, denn schließlich gilt:

Das große Ziel des Lebens ist nicht Wissen, sondern Handeln
(Thomas Henry Huxley)

richtige Atmung

Wir Menschen können einen längeren Zeitraum ohne Nahrung auskommen. Das hängt natürlich von unserer derzeitigen Konstellation und Gesundheit ab, kann aber bis zu 40 Tage betragen. Deutlich kürzer halten wir es ohne Flüssigkeitszufuhr aus. Hier dürften wir bereits nach 5 Tagen an die Grenze des Möglichen gelangen.

Doch was ist mit der Sauerstoffzufuhr ?

Hier reichen schon wenige Minuten ohne Sauerstoff und unsere Überlebenschancen gehen gegen Null. Unsere Atmung hängt ferner auch sehr stark von unseren physischen und psychischen Befindlichkeiten ab bzw. hat darauf Einfluss.
Sind wir gelassen, ruhig und entspannt, so atmen wir auch gleichmäßig, ruhig und tief. Sind wir hingegen angespannt oder aufgeregt, so atmen wir schneller und flacher.
Gesteuert wir die Atmung durch das vegetative (autonome) Nervensystem, d.h. die Steuerung läuft unbewusst und unwillkürlich ab. Natürlich können wir willentlich für kurze Zeit die Luft anhalten, aber generell brauchen wir uns nicht stets daran zu erinnern ein- bzw. auszuatmen.

Zur kurzen Erläuterung:

Wir verfügen über ein Nervensystem, welches sich in zwei bzw. auch vier Anteile untergliedert:

1. **nach Funktion:**
1.1 Animales Nervensystem (Somatisches Nervensystem)
- Wahrnehmung und Verarbeitung von Umweltreizen
- Reaktion auf Umweltreize durch Muskelbewegungen
- weitgehend willkürlich

1.2 Vegetatives Nervensystem (Autonomes Nervensystem)
- Regulation und Koordination der Funktion innerer Organe
- überwiegend unwillkürlich

2. **nach Lage:**
2.1 Zentrales Nervensystem (ZNS)
- Gehirn und Rückenmark

2.2 Peripheres Nervensystem (PNS)
- alle Nervenzellen und Nervenbahnen außerhalb davon

Das vegetative Nervensystem unterteilt sich wiederum in Sympathikus und Parasympathikus.

Das sympathische Nervensystem überwiegt, wenn wir uns in körperlichen oder psychischen Stresssituationen befindet.
Durch diese Bedrohung beginnen unsere Muskeln verstärkt zu arbeiten, was einen erhöhten Energiebedarf zur Folge hat. Unsere Atemfrequenz erhöht sich, das Herz schlägt schneller und kräftiger und lässt den Blutdruck ansteigen.
Die Arterien des Herzens weiten sich, damit mehr Blut hindurchfließen kann.
Gleichzeitig verengen sich die Arterien, die zur Haut und zur Körperperipherie führen. Dadurch kann mehr Blut in die aktiven Muskeln gelenkt werden.
Unter Umständen erweitern sich -zu besseren Übersicht der Situation- die Pupillen. Die Haare werden aufgestellt und wir beginnen zu schwitzen.

In Zeiten der Ruhe und Entspannung dominiert der Parasympathikus.
Der Parasympathikus lässt das Herz (Cor) langsamer schlagen. Die Sekretion der Verdauungssäfte wird gefördert, der allgemeine Verdauungsablauf wird verstärkt.
Die Atemfrequenz ist verlangsamt und die Pupillen sind verengt.
Aufgrund dieser Eigenschaften wird der Parasympathikus auch als Ruhenerv bezeichnet.

Aufgrund der direkten Einflussmöglichkeit der Atmung auf das vegetative Nervensystem und folglich auf unseren Gesundheits- und Gemütszustand, habe ich zwei einfache Atmungsübungen für Sie ausgewählt.

Atmungsübung 1:
1. Setzen Sie sich aufrecht hin (ggf. auch im Stehen möglich)
2. Atmen Sie ca. 4 Sekunden „riechend“ ein (Zwerchfellatmung über Nase)
3. halten Sie kurz die Luft an (ca. 1-2 Sekunden)
4. atmen Sie ca. 8 Sekunden durch Mund aus (doppelte Einatmungslänge)

Führen Sie die Atmungsübung 1 (Schritte 1-4) mind. 5-10 Minuten durch.
Lassen Sie alle aufkommenden Gedanken einfach ziehen - nichts ist nun wichtig und nichts wird beachtet.
Konzentrieren Sie sich lediglich auf Ihre Atmung.

Atmungsübung 2:

1. Setzen Sie sich aufrecht hin (ggf. auch im Stehen möglich)
2. atmen Sie 2x langsam tief ein (Nase) und 2x langsam tief aus (Mund)
3. nun 6x ein-/ausatmen und auf Ihre Lunge konzentrieren
   (d.h. frischer Sauerstoff fließt rein -> verbrauchte Luft wieder raus)
4. dann 6x ein-/ausatmen und auf Ihr Herz konzentrieren
   (das Herz wird leichter und lebendiger - kann mehr Blut pumpen)
5. und 6x ein-/ausatmen und an ein positives Erlebnis) denken
   (Verstärkung des gewünschten Zustandes)

Führen Sie auch die Atmungsübung 2 (Schritte 1-5) mind. einmal durch - ideal wäre zwei bis dreimal.
Lassen Sie auch hier alle aufkommenden Gedanken einfach ziehen. Konzentrieren Sie sich bei Punkt 3 auf Ihre Lunge und bei Punkt 4 auf Ihr Herz. Stellen Sie sich bildhaft vor, wie die beiden Organe für Sie arbeiten. Bei 5. fokussieren Sie sich auf ein angenehmes und positives Erlebnis aus Ihrem Leben. Ich empfehle Ihnen die Atmungsübung 2 ebenfalls mehrmals hintereinander durchzuführen (in Summe 5-10 Minuten).

Autogenes Training

Das Autogene Training ist die bekannteste und wohl verbreitetste systematisierte Entspannungstechnik. Beim Autogenen Training wird der Körper durch Autosuggestionen gezielt und vollständig entspannt. Dabei wird u.a. auch auf das vegetative Nervensystem Einfluss genommen, d.h. der Körper erhält über das vegetative Nervensystem gezielte Entspannungsimpulse.
Das Hauptziel des Autogenen Trainings liegt im Abbau von Stress. Mit Hilfe des Autogenen Trainings wird der Organismus von Stress bzw. deren Symptome wie, Herz-/Kreislaufstörungen, Kopfschmerzen, Nervosität, Schlafstörungen und Aggressionen befreit.
Darüber hinaus hat das Autogenes Training aber noch nachweisliche Erfolge bei Ängsten/Phobien, Konzentrationsschwächen, mangelndem Selbstvertrauen und geschwächtem Immunsystem.
Entdeckt und veröffentlicht wurde das Autogene Training von Herrn Schultz im Jahre 1932. Das Autogene Training ist, wie die anderen Methoden Ihres Power-Buffets, sehr einfach zu erlernen ohne dabei auf eine hohe Wirksamkeit verzichten zu müssen.

So wird's gemacht: die einzelnen Übungen (Überblick)

1. Beruhigung und Blick zum Dritten Auge (Stirnmitte)
   (Ruheformel + Entspannungsanker)

2. Schwereübung (zur Muskelentspannung)

3. Wärmeübung (zur Entspannung der Blutgefäße in den Extremitäten)

4. Herzübung (zur bewussten Wahrnehmung der Herztätigkeit)

5. Atemübung (zur bewussten Wahrnehmung der Atemtätigkeit)

6. Bauch- und Sonnengeflechtsübung
   (Durchblutungssteigerung d. Bauchregion)

7. Stirnkühleübung (zur Regulation der Durchblutung)

Sie können das autogene Training sowohl im Liegen oder im Sitzen (Droschenkutscherhaltung) durchführen

Erfahrungsgemäß ist es sinnvoller, wenn Sie während dem autogenem Training die Augen schließen und völlig entspannt sind.

Konzentrieren Sie sich nur auf sich und die anstehenden Übungen:

Beruhigung und Blick zum Dritten Auge (Einführung und Entspannung)
- sitzen oder legen Sie sich auf den Rücken und entspannen Sie
- Sagen Sie zu sich 3x „Ich bin ganz ruhig und entspannt"
- Blicken Sie mit verschlossenen Augen in Richtung Drittem Auge
- Drittes Auge = zentraler Punkt auf Stirn (mittig oberhalb Augenbraun)
- Drittes Auge = Stirnchakra (siehe auch Kapitel 4)

Schwereübung (zur Muskelentspannung)
- der rechte Arm ist ganz schwer, ganz schwer, bleischwer
- der linke Arm ist ganz schwer, ganz schwer, bleischwer
- beide Arme sind ganz schwer, ganz schwer, bleischwer
- das rechte Bein ist ganz schwer, ganz schwer, bleischwer
- das linke Bein ist ganz schwer, ganz schwer, bleischwer
- beide Beine sind ganz schwer, ganz schwer, bleischwer
- Arme und Beine sind ganz schwer, ganz schwer, bleischwer

Wärmeübung (zur Entspannung der Blutgefäße in den Extremitäten)
- der rechte Arm ist ganz warm, ganz warm, strömend warm
- der linke Arm ist ganz warm, ganz warm, strömend warm
- beide Arme sind ganz warm, ganz warm, strömend warm
- das rechte Bein ist ganz warm, ganz warm, strömend warm
- das linke Bein ist ganz warm, ganz warm, strömend warm
- beide Beine sind ganz warm, ganz warm, strömend warm
- Arme und Beine sind ganz warm, ganz warm, strömend warm

Herzübung (zur bewussten Wahrnehmung der Herztätigkeit)
- das Herz schlägt ganz ruhig und gleichmäßig

Atemübung (zur bewussten Wahrnehmung der Atemtätigkeit)
- die Atmung ist ganz ruhig
- es atmet mich
- Herz und Atmung sind ruhig und gleichmäßig

Bauch-/Sonnengeflechtsübung (Durchblutungssteigerung d. Bauchregion)
- der Bauch ist strömend warm, ganz warm, strömend warm

(stellen Sie sich vor, eine Wärmeflasche/-Kissen liegt auf Ihrem Bauch)

Stirnkühleübung (zur Regulation der Durchblutung)
- die Stirn ist angenehm kühl und der Kopf bleibt leicht und klar

(stellen Sie sich vor, ein angenehmer kühler Wind berührt Ihre Stirn)

Noch 3x tief atmen und dann die Augen öffnen - und fertig ... super

Wichtig ist, dass Sie bei den einzelnen Übungen „langsam“ und „ruhig“ die Autosuggestionen durchführen.
Wenn es Ihnen gelingt, dass Sie noch zusätzlich jeweils entsprechenden Bilder vor Ihrem geistigen Auge erzeugen
(z.B. „Mein Arm ist schwer, ganz schwer, bleischwer .... wie ein großer Stein), dann kommen Sie noch besser und intensiver in den entsprechenden Zustand der Entspannung.

Üben und experimentieren Sie mit den einzelnen Übungen.
Bis Sie etwas mehr Erfahrung gesammelt haben, empfehle ich Ihnen eine Verweildauer von ca. 4 Minuten pro jeweiliger Übung.
D.h. 4 Minuten für die Schwereübung, 4 Minuten für die Wärmeübung usw..

Wenn Sie später mehr Erfahrung mit dem Autogenem Training haben, können Sie auf die „Schnellversion“ umsteigen.

So wird‘s gemacht: für Fortgeschrittene (Schnellversion)

„Meine Arme und Beine werden schwer“ (6x wiederholen)
„Meine Arme und Beine werden warm“ (6x wiederholen)
„Mein Herz schlägt ganz ruhig“ (3x wiederholen)
„Mein Atem fließt ruhig und gleichmäßig“ (6x wiederholen)
„Mein Bauch wird strömend warm“ (6x wiederholen)
„Meine Stirn ist leicht kühl“ (3x wiederholen)

Mit den drei hier beschriebenen limbischen Methoden haben Sie nun ganz starke und wirkungsvolle Werkzeuge zur Hand, die Ihnen nicht nur Entspannung und Erholung schenken werden, sondern eben und gerade auch zur Leistungssteigerung oder zur Bewältigung von alltäglichen „Problemen“, wie Sorgen, Ängste, Trauer, Wut, Unsicherheit, usw. Anwendung finden.
Mit der Zeit gehen diese Methoden (wie eigentlich alle Methoden Ihres Power-Buffets) in Fleisch und Blut über - d.h. die Methoden werden ein Teil von Ihnen.

Frei nach Bruce Lee:

Man kann dir den Weg weisen - gehen musst du ihn selbst

Energetische Methoden:

Die energetischen Methoden Ihres Power-Buffets stammen aus der energetischen Psychologie. Dort geht man davon aus, dass psychische und auch viele physische Störungen aufgrund einer Störung des körpereigenen Energiesystems entstehen.
Das körpereigene Energiesystem wird in der „Traditionellen Chinesischen Medizin“ (TCM) als „Qi“ bezeichnet.
Was für den Chinesen das Qi, ist für den Inder das Prana, den Hawaiianer das Mana, den Inka das Apu oder den antiken Griechen das Pneuma.

Das Wissen über Energiesystem ist demnach sehr alt und ein fester Bestandteil in vielen alten Kulturen.
Diese Lebensenergie, welche über Meridiane (Energiebahnen) durch unseren Körper fließt, kommt im Falle eines Ungleichgewichts, wie einer Verletzung, Krankheit oder einer fehlgeleitenden Emotion, zum Stocken.

Die Folgen können sehr schwerwiegend sein und führen letztendlich zu Einbußen in der Gesundheit und Vitalität jedes Einzelnen. Ziel muss es also sein, das in‘s Stocken geratene Qi wieder zum Fließen zu bringen.

Die Akupunktur ist dabei wohl die bekannteste Form um ein stockendes Qi zum Laufen zu bringen. Jedoch ist hierbei eine sehr zeitintensive und komplexe Ausbildung von Nöten.
Die Akupunktur (mittlerweile auch bei uns anerkannt) basiert auf diesem Energiesystem und den dazugehörigen Energiebahnen (Meridianen).
Die Meridiane sind untereinander vernetzt und fließen durch alle Organe im Körper.
Bei der Akupunktur werden nun mit Hilfe von kleinen Nadeln bestimmte Reizpunkte auf den entsprechenden Meridianen stimuliert. Dadurch wird ein vorhandenes Energiedefizit kompensiert bzw. Energieblockaden gelöst und durch den Körper kann wieder Energie (Qi) störungsfrei fließen.

Seit dem 20. Jahrhundert gewinnt das Verständnis über Energie und Energiefelder auch in der modernen westlichen Welt wieder stark an Bedeutung. Die Erkenntnisse aus der Quantenphysik bringen das vorherrschende Newtonsche Weltbild (Isaac Newton, 1643-1727) an vielen Stellen zum Wanken. Albert Einstein (1879-1955) hat mit seiner Relativitätstheorie einen signifikanten Anteil daran.
Issac Newton ging noch davon aus, dass Zeit und Raum zwei absolute Größen sind und ohne Beziehung zu einem äusseren Zustand fest existieren. In Einsteins Relativitätstheorie sind Raum- und Zeitangaben eben keine universell gültigen Ordnungsstrukturen mehr.
Ferner hat Einstein mit seiner Gleichung $E=mc^2$ die Welt revolutioniert.

Die Gleichung besagt, dass Masse und Energie äquivalent (gleichwertig) sind. D.h. Masse ist letztendlich nichts anderes als Energie (der Unterschied liegt in der Erscheinungsform).

Folgendes Beispiel soll die Gleichung $E=mc^2$ kurz und einfach erklären:
Wassermoleküle (Wassertropfen, Wasser) werden solange erhitzt bis sich Wasserdampf bildet (z.B. ein deckelloser Wassertopf mit Wasser auf einer Herdplatte). Der gebildete Wasserdampf steigt empor (nach oben) und kühlt sich z.B. an einer oberhalb des Topfes befestigten Lüftungsplatte ab.
Dabei wandelt sich der Wasserdampf wieder zu Wasser um, d.h. es entstehen Wassertropfen an der Unterseite der Lüftungsplatte.
Wasser und Wasserdampf unterscheiden sich also lediglich in der Erscheinungsform, die wiederum von den Umgebungsbedingungen bestimmt werden.

Genauso verhält es sich mit Masse und Energie.
So wie ein Wassertropfen nichts anderes ist als kondensierter Wasserdampf, ist Materie nichts anderes als geronnene Energie.

ALLES IST ENERGIE

Wenn „alles Energie ist“, dann sind nicht nur unseren sichtbaren Vorgänge - wie z.B. die Bewegungen unserer Arme oder unserer Beine- Energie, sondern auch die unsichtbaren Abläufe, wie z.B. unser Denken und Fühlen eine Form von Energie.
Wenn folglich unsere Gedanken negativ sind oder wir uns unwohl fühlen, dann wird unser körpereigenes Energiesystem geschwächt.
Tritt dies verstärkt auf, oder befinden wir uns gar in einem chronischen und immer wiederkehrenden Prozess, dann kann dieses geschwächte Energiefeld psychische oder gar psychosomatische Folgen haben.

Das gilt es zu verhindern bzw. zu durchbrechen !!!

Die energetische Psychologie hat eine Reihe von Methoden und Techniken entwickelt, mit deren Hilfe Sie Ihre Lebensenergie positiv beeinflussen können.

Die Folgen sind dann:

- mehr Vitalität,

- mehr Wohlbefinden,

- mehr Gesundheit,

- mehr POWER

EFT

EFT steht für Emotional-Freedom-Techniques und wurde zu Beginn der 90er Jahre des letzten Jahrhunderts von Gary Craig entwickelt.
Dabei stützt sich Gary Craig auf die These, dass die Ursache aller negativen Emotionen in einer Störung des körpereigenen Energiesystems liegt.
Im Gegensatz zur Akupunktur, werden bei EFT die Meridiane nicht durch Nadeln stimuliert, sondern durch klopfen bestimmter Körperstellen.
Das angenehme und auch wirklich praktische an EFT ist die Tatsache, dass man bei EFT im Prinzip keine Ahnung über das Meridiansystem haben muss.
Das liegt daran, dass Gary Craig mit EFT die Vernetzung der Meridiane ideal ausnutzt.
Durch die Vernetzung der Meridiane werden die Klopfimpulse (Klopfstimulationen) von Meridian zu Meridian weitergegeben. Dies hat zur Folge, dass bei EFT nur wenige Reizpunkte „beklopft“ werden und dennoch das komplette Energiesystem angesprochen wird.

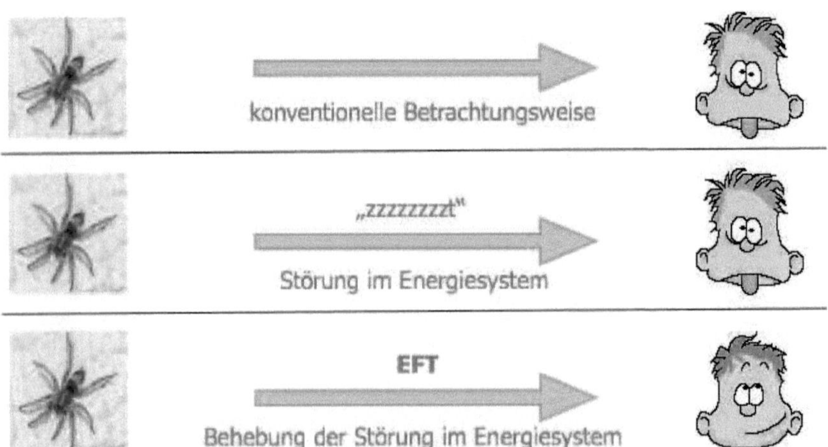

Entgegen der konventionellen Betrachtungsweise ist nicht der Auslöser selbst (in diesem Fall die Spinne) Schuld an unserem Problemzustand (z.B. Phobie vor Spinnen), sondern die durch den Anblick der Spinnen entstandene Störung unseres Energiesystems.

Wenn wir es also schaffen, dass wir unser Energiesystem wieder stärken, d.h. unser Energiesystem beim Anblick der Spinne nicht gestört wird, ist unser Problem (Phobie vor Spinnen) geheilt.
Bevor mit einer EFT-Behandlung begonnen werden kann, müssen die jeweiligen Klopfpunkte vertraut sein. Es spielt bei EFT auch keine Rolle welche Körperseite Sie beklopfen, d.h. sollten Sie Rechtshänder sein, dann bietet sich an, dass Sie auch die rechte Seite Ihres Körpers beklopfen (Ausnahme Rippenpunkt). Dies ist aber nicht relevant, da unser Körper symmetrisch ist und die Meridiane auch auf beiden Seiten des Körpers vorhanden sind.

1.Klopfpunkt: **Die Handkante**

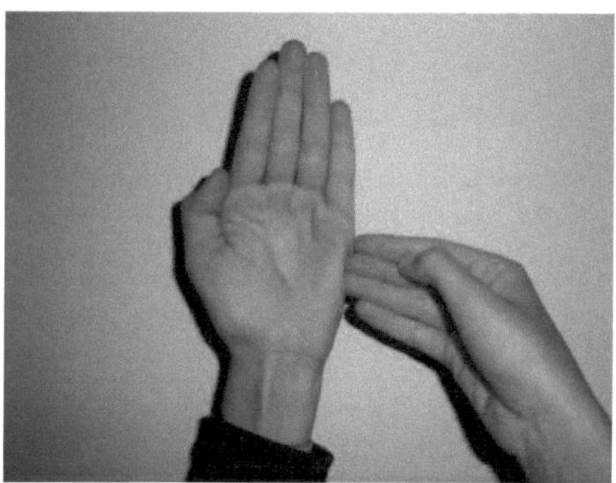

Während des Klopfens der Handkante wird später der „ausführliche" Einfühlsatz gesprochen: (THEMA und ZUSAMMENHANG sind erstmal Lückenfüller an deren Stelle später Ihr wirkliches Thema und der wirkliche Zusammenhang stehen wird)

Einfühlsatz:

„Auch wenn ich dieses *THEMA* habe, wenn ich an *ZUSAMMENHANG* denke, akzeptiere ich mich so wie ich bin"

(dieser Satz wird dann 3-mal laut gesprochen und während dessen die Handkante beklopft)

2. Klopfpunkt: **Augenbrauen (innen)**

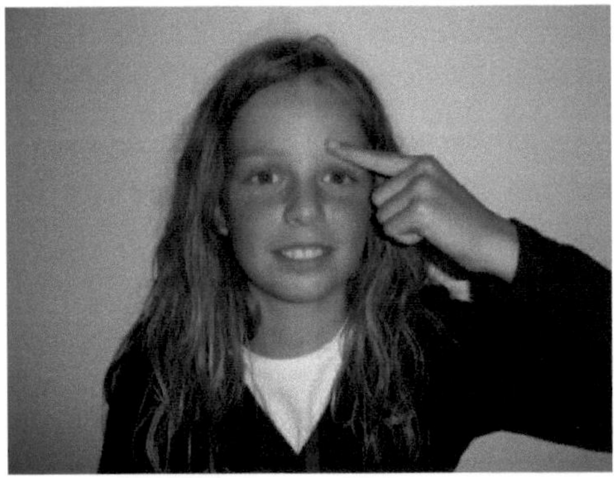

Der Klopfpunkt befindet sich etwa am Ansatz (Beginn) der Augenbrauen auf der linken oder rechten Gesichtshälfte

3. Klopfpunkt: **Augenbrauen (aussen)**

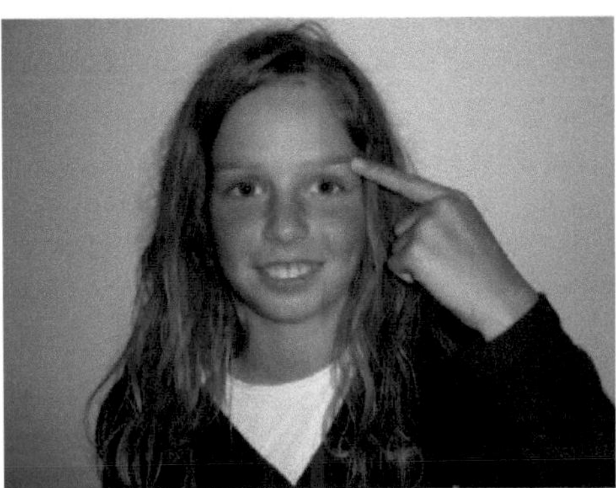

Der Klopfpunkt befindet sich am Ende der Augenbrauen auf der linken oder rechten Gesichtshälfte

4. Klopfpunkt: **unterhalb des Auges (Tränensack)**

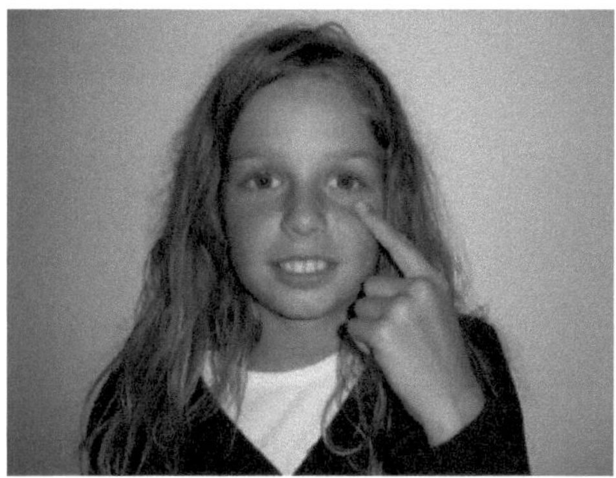

Der Klopfpunkt befindet sich direkt unter dem Auge (mittig - Höhe Tränensäcke) auf der linken oder rechten Gesichtshälfte

5. Klopfpunkt: **unterhalb Nase (zwischen Oberlippe und Nase)**

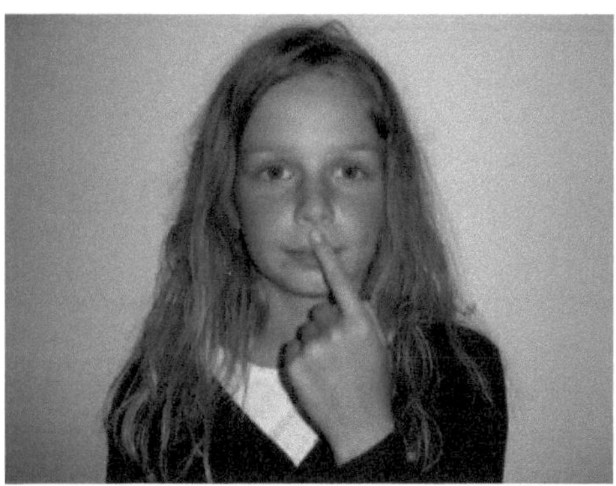

Der Klopfpunkt befindet sich direkt unterhalb der Nase (mittig), also zwischen Nase und Oberlippe

6. Klopfpunkt: **unterhalb Mund (zwischen Unterlippe und Kinn)**

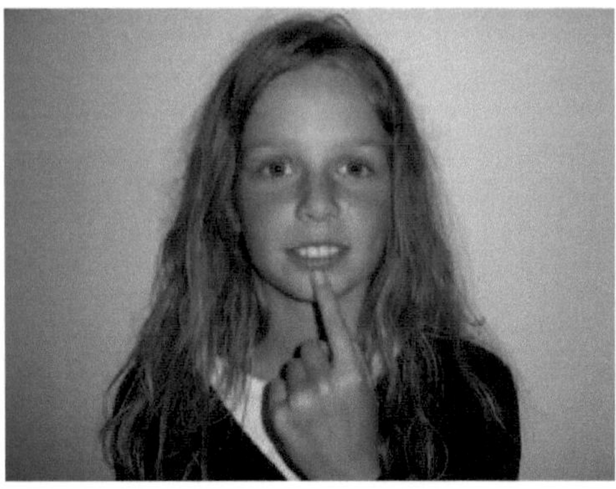

Der Klopfpunkt befindet sich direkt unterhalb der Unterlippe (mittig), also zwischen Unterlippe und Kinn

7. Klopfpunkt: **Schlüsselbein**

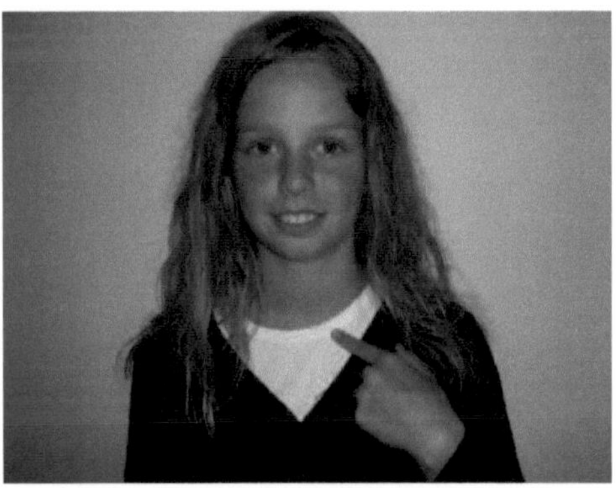

Der Klopfpunkt befindet sich auf dem Schlüsselbein (in der Nähe der Körpermitte) auf der rechten oder linken Körperseite

8. Klopfpunkt: **Brust - Höhe Herz (Thymusdrüse)** - mit Faust klopfen

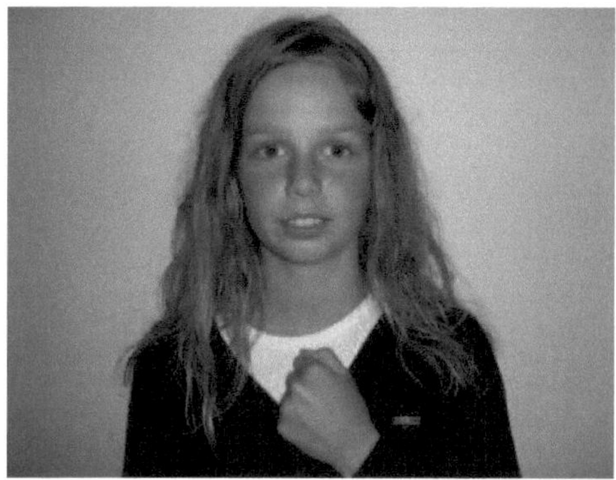

Dieser Klopfpunkt befindet sich in der Körpermitte auf Höhe des Herzens

9. Klopfpunkt: **Rippen - seitlich**

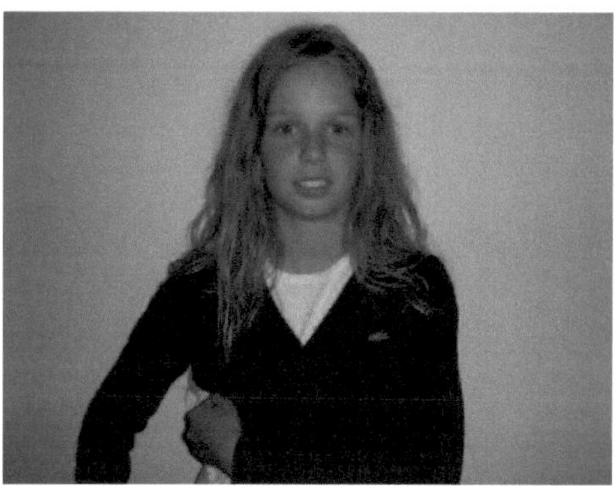

Dieser Klopfpunkt befindet sich seitlich auf den Rippen (Höhe Herz) auf der linken oder rechten Körperseite

10.Klopfpunkt: **Haupt - Kronengriff**

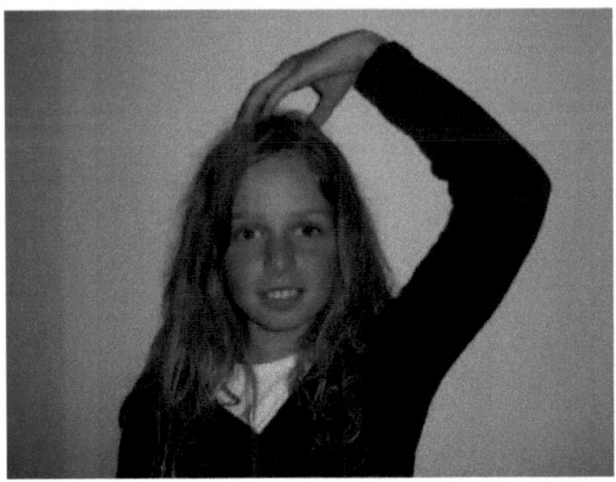

Dieser Klopfpunkt befindet sich auf dem Haupt und wird mit einer leicht geöffneten Hand beklopft (Finger bilden eine Krone = Kronengriff)

In der EFT-Urform existieren die Klopfpunkte 8 und 10 nicht bzw. werden nicht beklopft.
An deren Stelle gibt es aber weitere Klopfpunkte an den Fingern einer Hand.

Aus meiner praktischen Erfahrung mit EFT sind diese 10 Klopfpunkte aber in den meisten Fällen bereits völlig ausreichend.
Aus diesem Grund empfehle ich Ihnen die Anwendung der 10er-Sequenz.

Sollten Sie tieferes Interesse an EFT und/oder der Klopfpunkte der Hand haben, dann finden Sie weiterführende Literaturhinweise in meinem Quellenverzeichnis am Ende des Buches oder Sie kontaktieren mich einfach:

eMail: info@mora-sol.de

Hintergrund zu Klopfpunkte 8 und 10:

Klopfpunkt 8: **Thymusdrüse:**

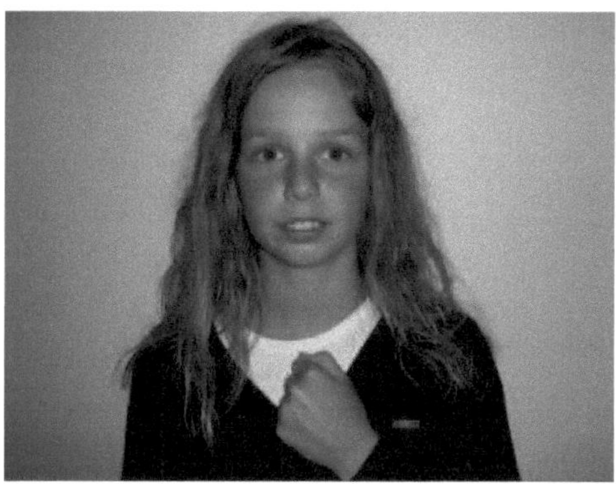

Die Thymusdrüse liegt in der Mitte der Brust, hinter dem oberen Teil des Brustbeins. Die Thymusdrüse spielt bei der Immunabwehr im Körper eine ganz wichtige Rolle. In der Kinesiologie gilt die Thymusdrüse als Steuerungszentrale für den Energiefluss in den Meridianen. Durch das Beklopfen der Thymusdrüse wird der Energiefluss in den Meridianen deutlich verbessert. Dadurch erfährt Ihr Körper einen echten „Energie-Kick“. Ich empfehle Ihnen die Thymusdrüse regelmäßig (z.B. am Morgen nach dem Aufstehen) kurz zu beklopfen. So können Sie den Tag schon viel vitaler und energiegeladener beginnen - probieren Sie es doch einfach aus !!!

Klopfpunkt 10: **Kronengriff**

Durch den Kronengriff bzw. das leichte Klopfen des Hauptes mittels des Kronengriffs wird das sog. Kronen-Chakra stimuliert. Das Kronenchakra stammt aus der indischen Energiearbeit und stellt dort das höchste Chakra dar.
Der Begriff Chakra stammt ursprünglich aus dem Sanskrit (eine alte indische Sprache) und bedeutet soviel wie „Rad" (Energierad).
Demnach verfügt unser Körper über 7 Chakren, welche alle entlang der Wirbelsäule angeordnet sind. Ferner stellt dieser höchste Klopfpunkt den Verbindungspunkt vieler wichtiger Meridiane in unserem Körper dar.

Atmen Sie stets tief und langsam aus, wenn Sie am Ende der 10er Klopfsequenz den Kronengriff anwenden. Sie können sich das lange und tiefe Ausatmen auch als eine Art Metapher vorstellen.
Stellen Sie sich einfach vor, dass Ihr Problem nun über den Atem aus Ihrem Körper entweichen kann und Sie es nun endlich los sind.

Was für ein tolles und angenehmes Gefühl.

Arbeiten mit der EFT 10er-Sequenz

Damit Ihre EFT-Behandlung auch wirkungsvoll verläuft, sollten Sie die Abfolge der 10er-Sequenz möglichst einhalten. Im Prinzip ist es zwar völlig egal welcher Klopfpunkt wann beklopft wird, doch wenn Sie sich eine feste Sequenz einprägen sinkt die Wahrscheinlichkeit, dass Sie den einen oder anderen Klopfpunkt vergessen.

Deshalb rate ich Ihnen die Reihenfolge der 10er-Sequenz einzuhalten.

1. **Einstimmung** (auf das Thema fokussieren)
   => suchen Sie sich einen ruhigen Platz, setzen und entspannen Sie sich
   => wählen Sie sich Ihr zu bearbeitendes emotionsgeladenes Thema aus
   => benennen Sie es (z.B. meine Angst vor schwarzen Spinnen)
   => tauchen Sie in eine Ihnen bestens bekannte/erfahrene Situation (Erlebnis) ein

2. **Bewertung**
   => stufen Sie Ihr emotionsgeladenes Thema in einer Skala von 0 - 10 ein
   => dabei ist 0 = keine Emotion und 10 = extreme Emotion

3. **Einfühlen** (Körpergefühl)
   => tauchen Sie weiter tief in Ihre Situation (emotionsgeladene Erlebnis) ein - „horchen" Sie genau in sich hinein
   => wo spüren Sie was im Körper
   (z.B. Ihre Haare stellen sich auf, Ihr Herz pocht schneller)

4. **Beginnen Sie nun mit der „10er-Sequenz"**
   1. Klopfpunkt (Handkante):
   „Auch wenn ich diese Angst vor schwarzen Spinnen habe, wenn ich mir diese nur vorstelle, liebe und akzeptiere ich mich so wie ich bin" (Einfühlsatz)
   => wiederholen Sie diesen „Satz" dreimal und klopfen Sie währenddessen

   2.-10.Klopfpunkte: „meine Angst vor schwarzen Spinnen"
   Beklopfen Sie jeden Reizpunkt ca. 7-10 mal (lockeres, gut spürbares Klopfen) und atmen Sie nach dem 10. Klopfpunkt lange und tief durch den Mund aus

=> Ende 1. Durchgang ..... und dann geht es in ähnlicher Weise weiter (siehe nächsten Punkt).

5. **Wiederholen Sie die „10er Sequenz"** (etwas detaillierter) erneut
   1. Klopfpunkt (Handkante): „Auch wenn ich immer noch diese Angst vor krabbelnden schwarzen Kellerspinnen habe, liebe und akzeptiere ich mich so wie ich bin"
   => wiederholen Sie diesen „Satz" dreimal und klopfen Sie währenddessen

   2.-10.Klopfpunkte: „meine Angst vor krabbelnden schwarzen Kellerspinnen"
   Beklopfen Sie jeden Reizpunkt ca. 7-10 mal (lockeres, gut spürbares klopfen) und atmen Sie nach dem 10. Klopfpunkt wieder lange und tief durch den Mund aus

6. **Abschalten / Ablenken**
   => stehen Sie kurz auf und verlassen Sie mental Ihr Thema (ablenken)
   => trinken Sie vielleicht zusätzlich ein Glas Wasser

7. **Einstimmung** (erneut auf das Thema fokussieren)
   => setzen Sie sich wieder und entspannen Sie sich wieder
   => tauchen Sie erneut in Ihre bestens bekannte/erfahrene Situation (Erlebnis) ein

8. **Bewertung** (erneut)
   => stufen Sie erneut Ihr emotionsgeladenes Thema in einer Skala von 0 - 10 ein
   => dabei ist 0 = keine Emotion und 10 = extreme Emotion
   => in den meisten Fällen sollte jetzt eine Veränderung stattgefunden haben, d.h. vorher waren Sie vielleicht bei 7 und jetzt sind Sie bei 3 auf Ihrer Skala

9. ggf. **Wiederholung**
   => wiederholen Sie die Schritte von 1-7 sofern Ihre Einstufung nicht bei 0 oder annähernd 0 ist (so lange, bis Ihr Thema keine Emotionsladung mehr für Sie hat)

EFT ist eine sehr wirkungsvolle Methode, die auch ein sehr breites Anwendungsspektrum aufweist. Sie können EFT sowohl bei emotionalen bzw. psychischen Themen als auch bei psychosomatischen oder gar reinen körperlichen Aspekten anwenden.
Aus meiner praktischen Erfahrung heraus ist EFT wirklich eine super „Allzweckwaffe" die gerade bei Themen wie: Demotivation, Unlust, Depressionen, Schmerzen, Ängste, Phobien, Verspannungen, Allergien, Asthma, Gewichts- und Verdauungsprobleme, ... , äusserst wirksam ist.

Vor allem aber auch in den Bereichen Peak-Performance (Spitzenleistungen) und Mentaltraining ist EFT hervorragend anwendbar.

Wer Spitzenleistungen (im Beruf, Sport oder generell) erreichen möchte, braucht aber auch Visionen, Ziele, Selbstvertrauen, Mut, Hartnäckigkeit und Kraft.

Beispiel **Ziele**:

Formulieren Sie Ihre Ziele möglichst immer nach der SMART-Formel (Kapitel 2.1). Mit Hilfe von SMART bekommen Ihre Ziele klare Strukturen und werden transparent.
Was aber machen, wenn es dennoch gewisse „Bedenken" (Zweifel) in Ihnen gibt ?

Wenden Sie in einem derartigen oder ähnlichem Fall doch einfach mal EFT an - Sie werden staunen was passiert .....

Klopfpunkt 1: (Handkante klopfen + Einfühlsatz)

Einfühlsatz:
„Auch wenn ich noch Zweifel an meinem Ziel (genaue Beschreibung) oder der Zielerreichung habe, akzeptiere ich mich so wie ich bin"

Wiederholen Sie diesen Einfühlsatz dreimal und klopfen Sie währenddessen einfach Ihre Handkante (1. Klopfpunkt)

Klopfpunkte 2-10: (klopfen + kurzer Erinnerungssatz)

kurzer Erinnerungssatz:
„meine Zweifel an meinem Ziel oder der Zielerreichung"

Klopfen Sie jeden Ihrer EFT-Klopfpunkte stets etwa 7-10 mal

Wiederholen Sie diese Sequenz ein- bis zweimal und überprüfen Sie im Anschluss Ihre „Bedenken" (Zweifel). Sind diese verschwunden oder geringer geworden - prima, Sie hatten mit Ihrer EFT-Sequenz Erfolg gehabt. Sofern Sie noch gewisse Restbedenken haben sollten, wiederholen Sie einfach die Sequenz und ändern Sie Ihren Einfühlsatz folgendermaßen:

„Auch wenn ich immer noch gewisse Zweifel an meinem gesteckten Ziel oder der Zielerreichung habe, akzeptiere ich mich so wie ich bin“

Sollten sich Ihre Bedenken (Zweifel) hingegen noch nicht aufgelöst haben, so haben diese vielleicht gar nichts mit Ihrem Ziel oder der Zielerreichung zu tun, sondern stehen in einen anderen Zusammenhang.
In diesem Fall könnte dies z.B. Angst vor der Zielerreichung sein. Nehmen wir an Sie sind ein sehr guter, ambitionierter Sportler und haben sich mit SMART ein Ziel in Richtung Profisportler gesetzt. Natürlich reizt Sie das Ziel, es ist ja Ihr Kindheitstraum. Aber was hat das Ziel bzw. die Zielerreichung denn dann für Konsequenzen. So müssten Sie vielleicht Ihren Wohnort wechseln um einen Profivertrag zu bekommen. Sie haben sich aber erst kürzlich frisch verliebt. Ihre neue Liebe kann und will überhaupt nicht umziehen.

Was machen Sie denn jetzt ?

Auf der einen Seite reizt sie Ihr Ziel und auf der anderen Seite haben Sie Bedenken, da Sie ja Ihre junge und frische Liebe nicht gefährden wollen.
In diesem Fall empfehle ich Ihnen die Motivationspyramide (von Robert Dilts) als Überprüfung Ihrer Ziele anzuwenden.

Die Motivationspyramide beruht auf dem Modell der logischen Ebenen (ein NLP-Modell) und stellt diese Ebenen in Beziehung zueinander.

Die Motivationspyramide beginnt bei der Umwelt bzw. unserem Kontext und endet in der Identität.

Was verbirgt sich nun hinter diesen einzelnen logischen Ebenen ?

Umwelt:
der gesamte externe Kontext, den wir wahrnehmen und der auf uns einwirkt (wann und wo geschieht etwas ?)

Verhalten:
unsere Aktionen und Reaktionen in dieser Umwelt (was tue ich ?)

Fähigkeiten:
die durch unsere kognitiven Modelle bestimmten Strategien, die unser Verhalten in der Umwelt steuern (wie tue ich es ?)

Glaubenssystem (Glaubenssätze und Werte):
das unsere Fähigkeiten und unser Verhalten in der Umwelt steuert (warum tue ich es so und nicht anders oder auch gar nicht ?)

Identität:
gewissermaßen die Summe und das Produkt der anderen vier Ebenen (wer bin ich ?)

Je früher Sie in der Motivationspyramide an „Zweifel“ oder „Bedenken“ geraten, desto unwahrscheinlicher oder schwieriger wird eine Zielerreichung.

Beginnen Sie bei der Umwelt und Fragen Sie sich, welche Auswirkungen die Zielerreichung für Sie und Ihr Umfeld haben wird.
Beklopfen Sie alle auftretende Emotionen und Gefühle mit der EFT-10er-Sequenz. Erst wenn alle „Zweifel“ oder „Bedenken“ für Sie entfernt wurden, steigen Sie die Pyramide empor (nächste Ebene).

Freuen Sie sich aber auch darüber, wenn sich diese „Zweifel“ oder „Bedenken“ nicht aus der Welt schaffen lassen. Dann können Sie davon ausgehen, dass Ihr oben gestecktes Ziel nicht wirklich Ihr gewünschtes oder geträumtes Ziel sein kann. Verwerfen Sie dieses Ziel und freuen Sie sich darüber, dass Sie diese Erkenntnis schon sehr sehr früh erworben haben.
Häufig merken wir „unpassende Ziele“ erst viel später.
Dann haben wir meist schon sehr viel Zeit, Herzschmerz und Geld investiert.

Sie können aber auch EFT einfach anwenden, um positive Denkweisen (Affirmation) zu verinnerlichen.
Dies ist nicht nur im Sport, sondern sowohl im Beruf als auch im normalen Privatleben ratsam und sehr hilfreich. Dadurch nehmen wir Einfluss auf unsere Glaubenssätze und diese haben wiederum bekanntlich einen sehr großen Einfluss auf unser Wirken und Agieren. Marcus Aurelius (röm. Kaiser 121-180 n.Chr.) hat dies etwa so formuliert:

Das Leben eines Menschen ist das, was seine Gedanken daraus machen

In der Welt der Bits und Bytes (IT-Branche) spricht man auch gerne von GIGO (Garbage In Garbage Out), d.h. wenn ich ein System (Anwendung) mit ungültigen Eingabe versehe, werden auch ungültige Ausgaben produziert. Genauso so verhält es sich mit uns Menschen. Wenn wir tagtäglich „negative“ oder „schlechte“ Gedanken hegen, werden wir auch entsprechende Resultate erhalten.

Du kriegst was Du denkst (Sie erinnern sich).

Beispiel Affirmation:
Nehmen wir an Sie haben sich für folgende (positive) Affirmation entschieden:

„Ich bin ein gesunder Mensch und mein Körper wird von Tag zu Tag vitaler und stärker“

Wenden Sie diese Affirmation (oder eine Ihrer Wahl) täglich an, in dem Sie diesen Satz mind. dreimal pro Klopfpunkt wiederholen. Verwenden Sie ausschließlich diese Affirmation (d.h. keinen Einfühlsatz) und klopfen Sie Ihre 10er-Sequenz konsequent bis zum Ende. Jede Affirmation macht aber auch nur dann Sinn, wenn Sie „davon überzeugt“ sind, dass diese Affirmation „wahr ist“. Glauben Sie daran, seien Sie davon überzeugt, spüren Sie Ihre Affirmation und klopfen Sie.

Der Aufwand für das Affirmationsklopfen beträgt vielleicht 5 Minuten, die mittelfristige Wirkung in Ihrem Leben ist aber immens.
Ich empfehle Ihnen, dass Sie sich Ihre Affirmation genau 30 Tage in dieser Form wahrlich „einklopfen“, bevor Sie sich eine neue Affirmation auswählen.
Probieren Sie es aus .... es kann Ihr Leben positiv verändern ... Just do it

TAT

TAT steht für Tapas-Akupressur-Technik und wurde von Tapas Fleming ursprünglich zur Selbstbehandlung von Allergien entwickelt. TAT ist aber auch sehr gut bei emotionalen Verletzungen und Energieblockaden einsetzbar. TAT ist sehr leicht lernbar und darf deshalb nicht in Ihrem Power-Buffet fehlen.
Bei TAT werden beide Hände benötigt, die eine erzeugt die typische TAT-Pose und die andere liegt flach auf dem Hinterkopf. Der Grund hierfür ist recht einfach. Im hinteren Bereich des Kopfes befindet sich der visuelle Kortex unseres Gehirns, d.h. dort werden innere Bilder gespeichert. Die Hand soll hier eine gewisse Stimulation erzeugen, dass die inneren Bilder leichter aufrufbar werden.

1. TAT-Pose - 1. Hand

TAT-Pose: Erklärung

Mit dem Daumen und dem Ringfinger greifen Sie Ihre Nasenwurzel. Mit dem Mittelfinger berühren Sie das sog. „dritte Auge". Das Dritte Auge (Ajna), ist gemäß der Chakrenlehre das energetische Zentrum in der Mitte der Stirn zwischen dem Haaransatz und den Augenbrauen. Es wird als das hellsichtige Organ der Wahrnehmung angesehen.
Der Zeige- und der kleine Finger fungieren als eine Art Antenne, d.h. Sie haben keine Berührungspunkte, sondern zeigen gerade nach oben.

2. vollständige TAT-Pose - erste und zweite Hand

Bei der vollständigen TAT-Pose berühren Daumen, Mittel- und Ringfinger der einen Hand die jeweiligen Reizpunkte (Akupunkturpunkte) im Gesicht während die andere Hand flach auf dem Hinterkopf liegt.

Arbeit mit TAT - 7er-Sequenz

Bei der 7er-Sequenz handelt es sich um eine Kurzform des TAT-Prozesses, die bereits in fast allen Fällen völlig ausreichend ist. Sollten Sie sich tiefer für TAT interessieren, so kann ich weiterreichende Literatur oder gar eine TAT-Ausbildung empfehlen.
Bevor Sie mit der TAT 7er-Sequenz beginnen, suchen Sie sich einen entspannten Ort (ohne Ablenkung, möglichst ruhig).

Nehmen Sie dann die **vollständige TAT-Pose ein** (siehe Bilder bzw. Beschreibung) und beginnen Sie mit der 7er-Sequenz.

TAT-Pose einnehmen .... und los geht's

1. **Konzentrieren Sie sich auf Ihr Problem / Ihre Problemsituation**
   => was ist Ihr Problem (stellen Sie es sich genau vor)
   => holen Sie sich Ihr Problem vor Ihr geistiges Auge (assoziiert)
   => was können Sie sehen, hören, spüren, riechen oder schmecken ?
   => tauchen Sie möglichst tief in Ihr Problem ein
   => wenn Sie eine körperliche (angenehme) Veränderung spüren, weiter mit 2.
   => wenn Sie nichts spüren, machen Sie nach ca. 2-3 Minuten weiter mit 2.

2. **Konzentrieren Sie sich auf das Gegenteil Ihre Problems**
   => fokussieren Sie sich auf eine „gesunde" Alternative Ihres Problems
   => stellen Sie sich diese Lösung Ihres Problems intensiv vor (assoziiert)
   => was können Sie sehen, hören, spüren, riechen oder schmecken ?
   => bleiben Sie ca. 2-3 Minuten in diesem Zustand und machen Sie dann mit 3. weiter

3. **Den Ursprung (Quelle) des Problems heilen lassen**
   => fokussieren Sie den Ursprung Ihres Problems (häufig stammt dieser aus unserer Kindheit)
   => sagen Sie zu sich: „alle Ursprünge des Problems heilen jetzt"
   => bleiben Sie ca. 2-3 Minuten in diesem Zustand und machen Sie dann mit 4. weiter

4. **Das innere Umfeld des Problems heilen lassen**
   => fokussieren Sie das (körperliche) Umfeld Ihres Problems (Körperstellen - wo genau spüren Sie wie und in welcher Form Ihr Problem)
   => sagen Sie zu sich: „alle meine Körperstellen, die mit dem Problem in einem Zusammenhang stehen, heilen jetzt"
   => bleiben Sie ca. 2-3 Minuten in diesem Zustand und machen Sie dann mit 5. weiter

5. **Den Sekundären Gewinn Ihres Problems heilen lassen**
=> fokussieren Sie sich auf mögliche Gewinner in Ihnen (welchen Vorteil haben Sie früher oder heute bzgl. Ihres Problems - vor was schützt(e) Sie Ihr Körper mit dem Problem ?)
=> sagen Sie zu sich: „ alle Teile in mir, die einen Vorteil von meinem Problem hatten oder mich beschützen wollten, heilen jetzt“
=> bleiben Sie ca. 2-3 Minuten in diesem Zustand und machen Sie dann mit 6. weiter

6. **Verzeihen und verzeihen lassen**
=> verzeihen Sie sich und allen möglichen betroffenen Personen, die in Verbindung mit Ihrem Problem stehen könnten
=> sagen Sie zu sich: „Ich verzeihe allen, die ich für das Problem verantwortlich gemacht habe, inklusive mir selbst“
=> bleiben Sie ca. 2-3 Minuten in diesem Zustand und machen Sie dann mit 7. weiter

7. **Fokus auf sich selbst richten**
=> fokussieren Sie sich selbst
=> stellen Sie sich vor Sie sind von einem warmen und heilenden Licht umgeben - spüren Sie die heilende und angenehme Wärme
=> sagen Sie zu sich: „Ich heile jetzt, ich bin heil“
=> bleiben Sie ca. 2-3 Minuten in diesem Zustand und atmen Sie dann tief aus

Im Gegensatz zu EFT, sollten Sie TAT wirklich nur einmal bzw. max. 20 Minuten pro Tag anwenden. Selbstverständlich können Sie die kurzen Sätze auch in Sätze mit Ihrem Wortschatz umwandeln. Das ist übrigens bei allen Methoden Ihres Power-Buffets sehr wichtig - sprechen bzw. denken Sie stets mit Ihren eigenen Wörtern und Sätzen - genau so, wie diese sich für Sie gut anfühlen.

Spielen Sie mit TAT und probieren Sie es aus. Sie werden sehen, dass Ihnen eine regelmäßige TAT-Behandlung sehr stark weiterhelfen kann.
TAT hilft aber nicht nur bei vorherrschenden Problemen, sondern auch ganz besonders um positive und zielführende Glaubenssätze im Unterbewusstsein zu verankern.
TAT überzeugt durch seine Einfachheit ohne dabei an Wirksamkeit zu verlieren. Versuchen Sie es aus - Sie werden sehen und spüren wie positiv TAT wirken kann.

DynaMind

Die DynaMind-Methode wurde im Jahre 2000 von Serge Kahili King entwickelt.
Inspiriert von seiner Tätigkeit als Hawaiianischer Heiler, kombinierte er bei DynaMind sein Wissen aus der Hawaiianischen Huna-Philosophie mit Erfahrungen aus anderen wirksamen alternativen Heilmethoden. Heraus kam schließlich DynaMind, welches äussert einfach anwendbar ist und durch seine schnelle Wirksamkeit schon viele begeisterte Anhänger weltweit gefunden hat.

DynaMind läuft sequentiell in vier Schritte ab.

1. **Die Geste**
2. **Die Aussage**
3. **Die Berührung**
4. **Die Atmung**

Die Geste:
Die Geste im DynaMind fungiert zum einen als eine Art DynaMind-Ritual und zum anderen wird diese Geste aber auch in vielen Meditationstechniken als Entspannungshaltung verwendet.
Dabei werden die beiden Hände vor unserem Körper (etwa Brusthöhe) so zusammengeführt, dass sich die einzelnen Fingerspitzen berühren und in der Mitte sich ein Dreieck bildet. D.h. die Handflächen berühren sich dabei nicht.

Die Aussage:
Die Aussage im DynaMind ist kurz und teil sich in drei Teile

- Ich habe ein Problem; (dient der Anerkennung des Problems)

- Doch das kann sich ändern; (bestätigt die Tatsache, dass sich ALLES ändern kann)

- Ich will, dass das Problem verschwindet (zeigt den Willen zur Veränderung an)

Wie bei den anderen Methoden auch, kommt es zu deutlichen Effizienzsteigerungen, je detaillierter Sie Ihr Problem beschreiben.

Anstelle von „Ich habe Wut“ wäre besser „Ich fühle Wut in meinem unteren Bauchbereich - ich spüre wie sich mein Bauch zusammenzieht“

Anstelle von „Ich habe Knieschmerzen“ wäre besser „Ich spüre einen stechenden, stumpfen Schmerz in meinem rechten, äusseren Knie“

Anstelle von „Ich bin nervös“ wäre besser „Ich fühle dieses unangenehme, rotierende Bauchkribbeln, wenn ich an das bevorstehende Auswärtsspiel oder die bevorstehende Präsentation denke“

Die Berührung:
Analog zu EFT werden auch bei DynaMind Reizpunkte beklopft.
Jedoch sind es bei DynaMind genau drei bzw. vier Klopfpunkte - das ist alles

1. **Klopfpunkt: Thymusdrüse**

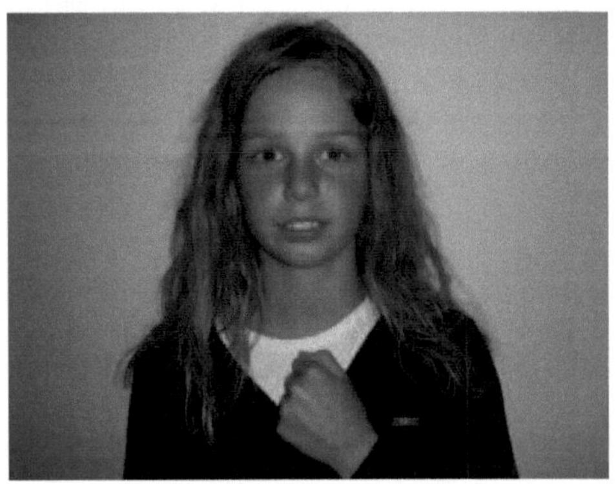

2. Klopfpunkt: Hoku-Punkte an beiden Händen

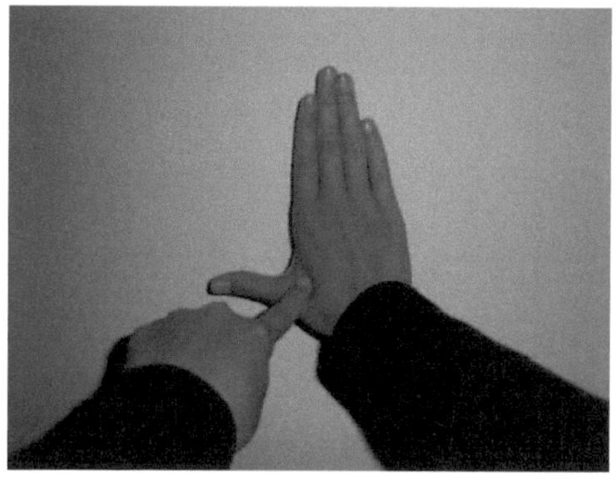

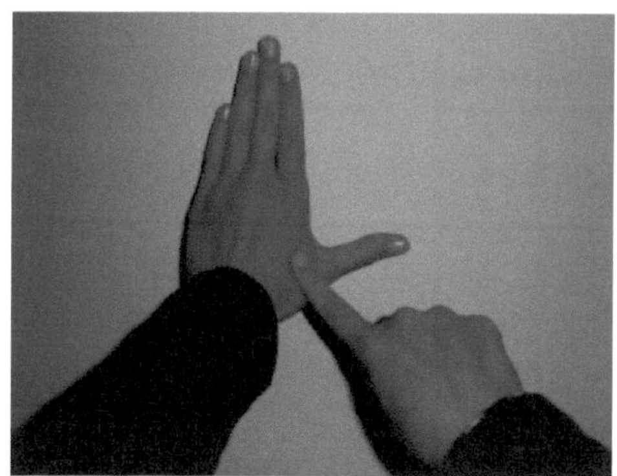

3. **Klopfpunkt: Hokua-Punkt = 7. Halswirbel**
(Übergang Halswirbel-Brustwirbelsäule)

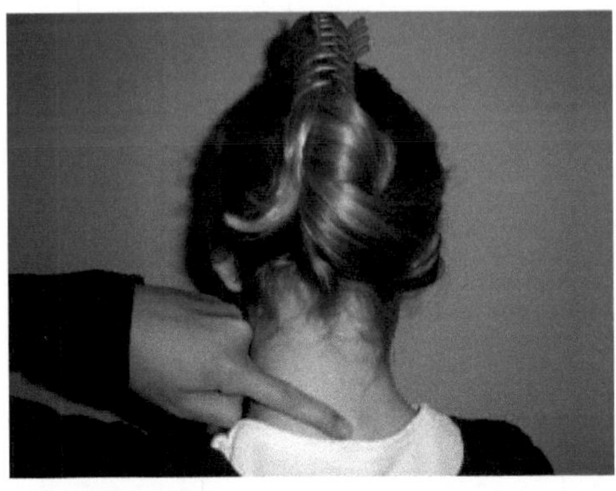

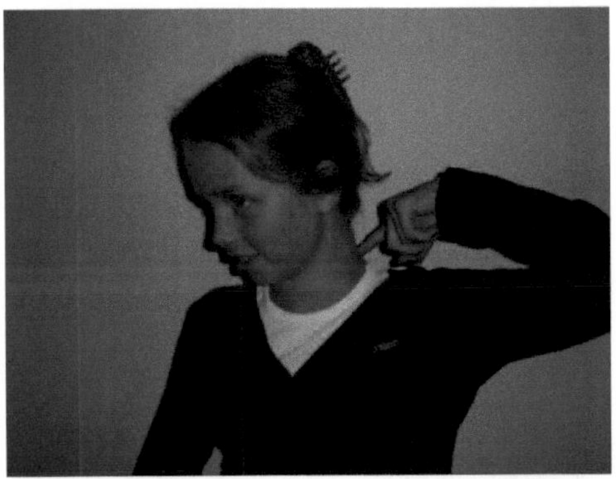

Es ist -analog zu EFT- völlig ausreichend, wenn jeder Reizpunkt (Klopfpunkt) ca. 7-10 mal beklopft wird.

Die Atmung:
Die letzte Sequenz bei DynaMind stellt Ihre Atmung in den Mittelpunkt. Bei der sog. „Piko-Piko-Atmung“ fokussieren Sie sich beim Einatmen auf Ihren eigenen Scheitel (Kopfdeckel). Atmen Sie lange und tief ein und konzentrieren Sie sich während dessen auf Ihren Scheitel. D.h. Sie spüren förmlich wie die frische und stärkende Energie über den Scheitel in Ihren Körper fließt.
Beim Ausatmen richten Sie hingegen Ihre Aufmerksamkeit auf Ihre Füsse. Stellen Sie sich dazu vor, wie die Energie durch Ihren Körper bis zu den Füßen fließt.

Die Piko-Piko-Atmung wirkt entspannend und belebend zugleich.

Ablauf DynaMind-Sequenz:

1. **Einstimmung (auf das Thema fokussieren)**
   => suchen Sie sich einen ruhigen Platz, setzen und entspannen Sie sich
   => wählen Sie sich Ihr zu bearbeitendes emotionsgeladenes Thema aus
   => benennen Sie es (z.B. meine Angst vor schwarzen, haarigen Spinnen)
   => tauchen Sie in eine Ihnen bestens bekannte/erfahrene Situation (Erlebnis) ein

2. **Bewertung**
   => stufen Sie Ihr emotionsgeladenes Thema in einer Skala von 0 - 10 ein
   => dabei ist 0 = keine Emotion und 10 = extreme Emotion

3. **Einfühlen** (Körpergefühl)
   => tauchen Sie weiter tief in Ihre Situation (Erlebnis) ein
   => „horchen“ Sie in sich hinein
   => wo spüren Sie was im Körper (z.B. Haare stellen sich auf - Herz pocht schneller - Ihre Hände werden feucht .....)

4. **Die Geste**
   => führen Sie beide Hände vor Ihrem Körper zusammen
   => Fingerspitzen berühren sich (Handflächen nicht => Hohlraum = Dreieck)

5. **Die Aussage**
   => „Ich habe ....“ (detaillierte Problembeschreibung)
   => „Doch ich weiß, das kann sich ändern“ (<u>alles</u> im Leben kann sich verändern)
   => „Ich will, dass das .... (Problembeschreibung) verschwindet“

6. **Die Berührung**
   => beklopfen Sie Ihre Thymusdrüse (7-10 mal)
   => beklopfen Sie die beiden (linke und rechte Hand) Hoku-Punkte nacheinander (7-10 mal)
   => beklopfen Sie Ihren Hokua-Punkt - 7.Nackenwirbel - (7-10 mal)

7. **Die Atmung**
   => atmen Sie tief ein und konzentrieren Sie sich auf Ihren Scheitel
   => atmen Sie tief aus und konzentrieren Sie sich auf Ihre Füße
   Dabei spüren Sie bitte ganz intensiv, wie die positive Energie von Ihrem Scheitel (bei einatmen) zu Ihren Füßen fließt (beim ausatmen)

8. **Abschalten / Ablenken**
   => stehen Sie kurz auf und verlassen Sie mental Ihr Thema (ablenken)
   => trinken Sie vielleicht zusätzlich ein Glas Wasser (hilft immer)

9. **Einstimmung** (erneut auf das Thema fokussieren)
   => setzen Sie sich wieder und entspannen Sie sich wieder
   => tauchen Sie erneut in Ihr bestens bekannte/erfahrene Situation (Erlebnis) ein

10. **Bewertung** (erneut)
    => stufen Sie erneut Ihr emotionsgeladenes Thema in einer Skala von 0 - 10 ein
    => dabei ist 0 = keine Emotion und 10 = extreme Emotion
    => in den meisten Fällen sollte jetzt eine deutliche Veränderung stattgefunden haben
    => d.h. vorher waren Sie vielleicht bei 7 und jetzt sind Sie bei 3 auf Ihrer Skala

11. **ggf. Wiederholung**
    => wiederholen Sie die Schritte von 1-10 sofern Ihre Einstufung nicht bei 0 oder annähernd 0 ist - eben so lange, bis Ihr Thema keine Emotionsladung mehr für Sie trägt

Machen Sie sich mit DynaMind vertraut und wenden Sie es regelmäßig an. Sie werden merken, dass Ihnen diese, aber auch die anderen energetische Methoden viel Kraft und Power geben werden.

Denn Sie wissen ja .... **alles ist Energie und Energie fließt**

Also .... worauf warten Sie noch .... Geben Sie Ihrem Körper den Kick Energie den er braucht !!!!

Zusammenfassung

Mit Hilfe Ihres Power-Buffets können Sie nun Ihr Leben täglich deutlich positiver, zielführender und mit mehr Power und Elan gestalten.
Dabei spielt es überhaupt keine Rolle ob es sich lediglich um eine akute Unpässlichkeit oder einer jahrelang vorhandenes Problem handelt. Sie haben jetzt mehrere Werkzeuge zur Hand, die Ihnen ab sofort und für immer zur Verfügung stehen.
Wie eingangs erwähnt, geht und ging es bei dem Power-Buffet nicht um eine detaillierte Beschreibung und Analyse der jeweiligen Methode, sondern es geht viel mehr um eine kurze und praktische Prozesserklärung, mit deren Hilfe Sie möglichst sofort loslegen können.
Sollten Sie sich aber für die eine oder andere Methode Ihres Power-Buffets intensiver befassen wollen, so kann ich Ihnen nur weiterführende Literatur empfehlen.

Arbeiten mit dem Power-Buffet:
Picken Sie sich einfach diejenigen Methoden heraus, die Ihnen und Ihrer Art entsprechen und lernen Sie deren Abläufe und Sequenzen. Die Abläufe sollten dabei in „Fleisch und Blut“ übergehen. Werden Sie ein Profi Ihrer Lieblingsmethoden und fangen Sie auch an damit zu spielen und zu experimentieren. Nichts ist in Beton gemeisselt und so sollten Sie auch mit Ihrem Buffet umgehen.

Denn letztendlich zählt das Ergebnis und nicht die Methode.

Und so wünsche ich Ihnen viel Spaß und viel Erfolg mit Ihrem „Power-Buffet“

Ihr

Stefan Morawetz

MORA-Sol

es gibt immer eine Lösung

MORA-Sol GmbH
www.mora-sol.de
info@mora-sol.de

Anhang / Quellen- / Literaturverweis

- EMDR in Aktion - Shapiro & Forrest (Junfermann-Verlag)
- Erfolge bewegen - Siegmund & Siegmund (Junfermann-Verlag)
- Der Zauberlehrling -Mohl- (Junfermann)
- Neurolinguistisches Programmieren -O`Connor/Seymour- (VAK-Verlag)
- Praxisbuch NLP -Schwarz/Schweppe- (südwest)
- Anatomie und Physiologie - Spornitz (Springer)
- Biologie, Anatomie, Physiologie -Menche- (Urban & Fischer Verlag)
- Die neue Medizin der Emotionen -David Servan-Schreiber- (Goldmann-Verlag)
- Wikipedia (www.wikipedia.de)
- gelöst, befreit, entlastet - Gallo, Vincenzi- (VAK-Verlag)
- Endlich frei -Keller- (Ullstein)
- EFT -Reiland- (Goldman-Verlag)
- Klopf dich gesund -Benesch- (Kösel-Verlag)
- Frei von Allergie mit EFT -Benesch- (Kösel)
- Mentaltraining im Sport -Sterr- (spomedis-Verlag)
- Homepage Tapas Fleming www.tatlife.com
- Tapas Akupressur Technik -Klein- (Klein)
- Die Dynamind-Technik -King- (Lüchow-Verlag)
- Easy zum Ziel -Ackermann- (Erd-Verlag)
- Intelligente Zellen -Lipton. (Koha-Verlag)
- Seminarunterlagen Autogenes Training -Still-
- und natürlich viele weitere (Hör-)Bücher, Seminare und Weiterbildungen, die mich alle auf eine gewisse Weise prägten, aber auch nicht alle hier einzeln aufgelistet werden können

Printed by Books on Demand GmbH, Norderstedt / Germany